那些令人惊艳的海边小镇

武鹏程　编著

海洋出版社

北京·2023

图书在版编目（CIP）数据

那些令人惊艳的海边小镇 / 武鹏程编著. -- 北京 : 海洋出版社, 2023.8

ISBN 978-7-5210-1117-3

Ⅰ. ①那… Ⅱ. ①武… Ⅲ. ①城镇—介绍—世界
Ⅳ. ①K915

中国版本图书馆 CIP 数据核字 (2023) 第 083118 号

那些令人惊艳的
海边小镇

总 策 划：刘 斌
责任编辑：刘 斌
责任印制：安 淼
排 版：海洋计算机图书输出中心 晓阳
出版发行：海洋出版社
地 址：北京市海淀区大慧寺路 8 号
100081
经 销：新华书店
技术支持：（010）62100055

发 行 部：（010）62100090
总 编 室：（010）62100034
网 址：www.oceanpress.com.cn
承 印：鸿博昊天科技有限公司
版 次：2023 年 10 月第 1 版
2023 年 10 月第 1 次印刷
开 本：787mm×1092mm 1/16
印 张：14.5
字 数：255 千字
定 价：58.00 元

前　言

每一个海边小镇都是一本色彩绚丽的书，它充满了历史的韵味，既有海洋的粗犷，也有人间的细腻；每一个海边小镇都是一个故事、一个美丽传说、一段流金岁月，它让人们沉迷、赞叹，忍不住去探寻它的前世今生，欣赏它动人心魄的美。

让我们择一海边小镇，在蓝天碧海、春暖花开时漫步其中，感受那里的山、水、沙、岩，让美景荡涤我们的心灵，在轻拂的海风中与它融为一体。

喜欢浓烈色彩的，可以去如同油画般、房屋错落有致的意大利的五渔村和阿马尔菲海岸线上的小镇，在碧海蓝天间，体验欧洲古老海边小镇的生活。

喜欢海洋生物的，可以去“欧洲观鲸之都”胡萨维克、“热带的企鹅王国”西蒙斯敦、可以与海豚一起游玩的塔马兰，在与鲸和企鹅的嬉戏中感受生命的律动。

喜欢探寻历史遗迹的，可以去夏威夷的拉海纳和西班牙的卡达凯斯等，感受这些古老小镇所拥有的独特文化气质，在世界闻名的艺术画廊中感受艺术的熏陶。

除此之外，还有“海南古都”昌化镇、“巴厘岛最艺术的文化小镇”乌布镇、“英国的世外桃源”波特里、“最有灵魂的海岸小镇”昂蒂布、“天堂之路”哈纳和“斐济的天堂”楠迪等，它们或妖娆，或沉静，或热烈奔放，无不有着令人惊艳的美景，吸引人们前去欣赏、驻足，继而沉醉其中，流连忘返。

目　录

亚洲篇

欧洲篇

美洲篇

非洲篇

大洋洲篇

铜陵镇

一山、一城、一石、一庙

铜陵镇除了拥有厚重的历史和人文景观之外，还有清澈的海水、蔚蓝的天空、绵软的细沙，海天一色的美景吸引了众多影视剧组，如《左耳》《八仙过海》《西游记》《我是谁的宝贝》等都曾在此拍摄。

铜陵镇古名东山，三面濒海，位于福建省漳州市东山岛（福建省第二大岛）的东北端，介于厦门市和汕头市之间，距漳州市区 158 千米。

铜陵镇是东山岛人口最多的两个镇之一，是一座具有 600 多年历史的文化古城，文物古迹众多，素有“海滨邹鲁”之称。在古时候，铜陵镇曾是东山岛的中心。铜陵镇最值得推介的景点是一山、一城、一石、一庙。

❖ 电影《左耳》拍摄点指示牌

《左耳》改编自饶雪漫的同名小说，讲述了一群拥有不同性格的人的青春疼痛故事。

苏峰山

苏峰山雅称“苏柱擎天”，海拔 274.3 米，方圆十余千米，距铜陵镇不远，是东山岛的主峰。其踞海雄峙于东山岛东部，如一柱擎天，有 99 峰、18 胜景，是铜陵镇的标志性景点。沿着苏峰

苏峰山为东山岛外八景之一，《读史方舆纪要》载：“苏峰山亦名东山。”东山岛即以此山而得名。因苏峰山别称川陵山，故东山岛亦称陵岛。

《东山县志》载：“昔江夏侯以此山不减西蜀峨眉山，故名苏峰山。”蔡潮于明嘉靖五年（1526 年）到东山，《铜山志》载：“巡海道蔡潮称此山为漳郡第一文峰。”

❖ 苏峰山环海（岛）公路

苏峰山环海（岛）公路旁建有多处停车观景点，可以一览众海湾美景，有些地方还有上、下山的栈道或小径。

山有一条环海（岛）公路，沿途除了有奇峰异洞之外，还有众多海滩、海湾，让人有“乱花渐欲迷人眼”的感觉，是一条可以一边骑行、一边欣赏海岛美景的路线。

❖ 铜山古城墙

铜山古城

铜陵镇的南溟书院（文公祠）不仅是宋代理学宗师朱熹的讲学处，还是明代学者黄道周和清末书画家马兆麟的故里。“东山歌册”被列为国家第一批非物质文化遗产。

铜山古城是铜陵镇最著名的地方，距苏峰山不远，古城东、南、北三面临海。明洪武二十年（1387 年），为抵御海贼袭扰，朱元璋派江夏侯周德兴巡视东南沿海，筑城建寨。周德兴来到东山岛后，在铜山沿海建成一座城池，其长 1903 米，城墙高 7 米，东、西、南、北各有城门，西南处建有城楼。以依傍的“铜钵”“东山”两个村名中各取一字，合为“铜山”城。铜山城建成后便成为当地抵御外敌的堡垒。铜山古城是东山岛最知名的景点之一，以丰富的历史底蕴和谜一样的故事令人神往。

明嘉靖二十二年（1543 年），戚继光在铜山古城全歼倭寇；崇祯六年（1633 年），巡按路振飞大帅徐一鸣曾在铜山海面两次击败荷兰东印度舰队；隆武二年（1646 年），郑成功以铜山为抗清根据地之一。清康熙二十二年（1683 年），福建水师提督施琅从铜山港和宫前港起航东征。

铜山古城东门外的海滨有天然石洞，传有虎踞，故号“虎崆”。洞长 15 米，宽约 5 米，有清泉甘美，大旱不干，壁上镌“灵液”石匾，称“虎崆滴玉”。城最高处九仙顶有“人世仙境”“海天一色”“宦海恩波”“三岛春秋”等摩崖题刻。一块刻有“瑶台仙峤”的巨石是当年戚继光和郑成功的水操台。

风动石

沿着铜山古城东门海岸边的木栈道前行，在海滨石崖上有一个东山岛人们最引以为荣、视如珍宝的自然奇观，也是游客最喜爱的美景之一——东山风动石。

早在明代张岱的《夜航船·荒唐部》里就有记载：“漳州鹤鸣山上，有石高五丈，围一十八丈，天生大盘石阁之，风来则动，名风动石。”

东山风动石重约200吨，高4.37米、宽4.47米、长4.46米，上尖底圆，状似仙桃，巍然“搁”在一块卧地凸起且向海倾斜的磐石上，两石的接触面仅为十余平方厘米。

❖ 风动石

风动石的奇妙之处在于它前后、左、右重量平衡极佳，大风吹来时，石体左右晃动，但倾斜到一定角度后就不会再动了，故称风动石。

它依山临海，气势雄伟，神奇无比，以奇、险、悬而居全国60多块风动石之最，被载入《中国地理之最》，古代文人将其誉为“天下第一奇石”，它的正面还题刻着毛泽东的诗句“风景这边独好”6个大字，成为一道绝佳的风景，是铜陵镇、东山岛的标志性景观。

东门屿也叫塔屿，位于东山岛铜山古城东部约1000米的海面上，全岛总面积近1平方千米。东山屿是一座月牙形的小岛，群山环绕着月亮湾沙滩，山上留着许多历史遗迹和寺庙。
岛上因海岸独特，奇石众多，再加上优美的自然风光，吸引了一批又一批影视工作者，至今已有20多部电影、电视剧在这里拍摄，被称为“天然影棚”。我国首部科幻影片《珊瑚岛上的死光》中的“马太博士岛”就是东门屿。

风动石的传说：相传明朝嘉靖年间，倭寇侵扰东山岛，见到这块神奇的风动石后，欲将其抢走，倭寇动用了数艘兵舰，套上绳索，费尽了力气，拼命拉它，只见风动石摇摇欲坠，就是无法拉动，而且最后捆绑在风动石上的绳索全绷断了，倭寇被回弹的绳索打飞，纷纷掉落海里，十分狼狈，而风动石依然屹立在原地。

东山关帝庙

东山关帝庙又名武庙，始建于明洪武二十二年（1389年），正德三年（1508年）扩建，正德七年（1512年）落成，是一座纵袤40米、横广17米的宫殿式大庙。后来，几经扩建、焚毁、重修，终成现在的规模。它依山临海，气势巍然，融建筑、石雕、剪瓷雕、木刻等民间艺术于一体，且已达到炉火纯真的地步。数百年来，东山关帝庙历经无数次的地震、台风的侵袭都安然无恙，让许多中外的建筑专家赞叹不已。

东山关帝庙是一座闻名海内外的庙宇，是我国台湾地区470多座关帝庙的香缘祖庙，关帝文化是闽台文化交流的重要纽带之一。据说，当年郑成功在率军收复台湾前，就曾至东山关帝庙问签。数百年来，闽南沿海渔民，尤其是东山百姓，更是把关帝视为他们的保护神。一年四季，前来朝圣的香客络绎不绝。

铜陵镇除了有“一山、一城、一石、一庙”之外，在苏峰山脚下还有众多的海滩，其滩长坡缓，沙子细腻、柔软，海面上无礁石、无污染，纯正的蔚蓝色一直向天边伸展，使整个铜陵镇透着文艺气息，因而成为众多影视剧的取景地。

东山关帝庙位于东山铜陵镇东边的岵嵝山下，它与山西运城关帝庙、河南洛阳关帝庙、湖北当阳关帝庙并称为中国四大关帝庙，是我国台湾地区众多关帝庙的香缘祖庙，具有悠久的历史。1996年被国务院公布为第四批全国重点文物保护单位。在全国众多关帝庙中，只有东山关帝庙和山西运城关帝庙是全国重点文物保护单位。

❖ 东山关帝庙

古雷镇

渔　民　的　安　居　乐　土

这里的海水几乎没有杂质，蔚蓝清澈，搭配着灰白色的礁石，与天空融合得恰到好处，让游人有种承包了整片海、整个海滩的错觉。

❖ 古雷坡内武圣庙

古雷坡内武圣庙宏伟壮观，彩绘绚丽，富有闽南庙宇建筑特色，它位于古雷镇坡内村，始建于明万历年间，历代曾有修葺，在清康熙“迁界”时被毁后重建。庙内有漳邑名人黄道周亲笔写的柱联，有较高的文化价值。

古雷镇位于福建省漳州市漳浦县南端的古雷半岛上，三面临海，东面是台湾海峡，西面是东山岛，南面是太平洋，辖区包括整个古雷半岛及附近海域、岛礁。

潮音时至，声如雷鼓

古雷半岛呈南北走向，如条带状向大海延伸，长20多千米，宽3~4千米（最窄处仅300米），面积40平方千米。它曾是一座人迹罕至的近岸孤岛，由于泥沙淤积，形成了陆连岛（半岛），全岛由古雷头山、古雷山（包括笔架山、庞尖山）及

❖ 开漳圣王庙

开漳圣王庙位于古雷镇杏仔村，据传为清朝嘉庆年间东南海上起义军领袖朱濆所建，朱濆在一次战斗中遭敌围攻，得圣王显灵而安全脱险，故建圣王庙以为纪念。自此，圣王庙成为古雷镇及周边民众的香火圣地，至今已有300多年历史。

❖ 古雷海滩

海滩上几乎没有游人，是一个能让自己独享整片海的地方。

周围的沙滩组成。古雷山原作鼓雷山，其断岸千尺，悬崖陡峭，下瞰大海，波浪起，因“潮音时至，声如鼓雷”而得名古雷。还有另外一种说法：因为古雷山高耸海滨，形状如螺，故称高螺，雅称为古雷。

古雷城——曾经的弃土

明朝正德年间，为了抵御猖狂的海寇，朝廷调驻了一个巡检司于古雷，并在古雷南端笔架山南麓建巡检司城。

明末清初，郑成功以古雷、铜山等地为抗清根据地。后来，郑成功驱逐荷兰侵略者，收复台湾。但大陆为清军所控制，实行“迁界”，将沿海划为“弃土”，居民内迁，建筑物尽毁，古雷属“界外弃土”，因此巡检司城被毁，只存残迹。

沿海“复界”后，古雷城才在巡检司城残迹上重新修建，包括著名的妈祖庙、港口妈祖庙、杏仔开漳圣王庙等。这便是我们如今能看到的古城面貌。

古雷镇是渔民们的安居乐土，因为拥有丰富的旅游资源，日渐成为旅游热点，人们来此除了能感受到淳朴的闽南渔家风情外，还能欣赏到如仙境般的海岛风景。

明崇祯六年（1633年）九月，荷兰武装商船勾结闽海武装走私团伙，连日在沿海扰乱。初六日傍晚，守将傅元功领官兵至古雷，见荷兰船靠岸，即令朱昆等带领30余名冲锋兵放铳喊杀，荷兰武装商船慌乱而逃，跳下海者被官兵杀死无数，被擒30余名。隔日天明，荷兰以小艇四面包围官兵，铳弹如雨，朱昆膝部中伤，傅元功中弹阵亡，官兵死伤甚多，所获俘虏尽被夺回。

永宁镇

人文荟萃的著名侨乡

永宁镇有绵延数里的黄金海岸，有香火旺盛的城隍庙、独特正宗的闽南风味美食、纯粹的闽南人市井生活、“爱拼才会赢”的闽南人精神和有“中国历史文化名街”之称的老街，更有远近闻名、中西合璧的番仔楼。

永宁镇是福建省石狮市东南部的著名滨海侨乡，位于闽东南泉州湾与围头湾中部的深沪湾北畔，与我国台湾地区隔海相望。

除了永宁古卫城外，永宁镇著名的历史古迹还有朝天寺、玉皇阁、伊斯兰教圣墓、观日台、沙堤石笋等。

寓意永得安宁

永宁镇是石狮市的一个古镇，永宁古称“水沃”，唐时称“高亭”，宋时称“凉恩亭”。南宋乾道八年（1172 年），为防外患，在此建水澳寨，称“永宁寨”，寓意永得安宁。

著名的古代泉州航海灯塔就位于永宁镇，永宁古卫城拥有 600 多年历史，也是泉州古代规模最大的古卫城，为中国三大古卫城之一，与天津卫、威海卫齐名，后被倭寇多次攻陷。永宁经历过倭寇以及清朝军队多次洗街（即屠城），

❖ 永宁镇海边

❖ 永宁古卫城

明洪武二十年（1387年）筑永宁卫城。永宁卫下辖崇武、福全、金门、高浦、中左（厦门）5所，为泉南屏障。

❖ 永宁镇古民居

番仔楼样式多种多样，多用钢筋混凝土、石块、闽南红砖、杉木等按照泉州传统古大厝格局要求建造，细部装饰如对联、拼砖、剪瓷画、石雕、木雕、灰塑、壁画等采自泉州传统工艺，番仔楼在全国范围内具有独特性，像一朵朵璀璨的建筑之花，洒落在以泉州为核心的闽南地区。

❖ 番仔楼

抗日战争时期多次被日本舰队和飞机轰炸，清朝和民国时期是泉州商业较为发达的一个镇子。

传统民居

永宁镇的陆地面积为28.6平方千米，现有常住人口4.6万人，海外及我国台湾地区、香港地区、澳门地区的永宁籍侨亲有5万多人。

永宁镇地界多石材，所以民居大部分是用石头结合红砖、水泥建造的，还有许多早年去南洋经商回来的人盖的南洋风格的洋楼（洋楼俗称番仔楼）。数百年来，南洋的建筑风格与泉州的建筑风格相互借鉴，融合成泉州传统特色的民居风格，而且几乎成为整个闽南建筑风格的代表。永宁至今仍保留着非常完整的古街道，两条贯穿东、西、南、北的街道把4个城门分成4个方块，状如鳌卧沙滩，故又有“鳌城”之雅称。

永宁镇鳌城书院

永宁镇钟灵毓秀，人杰地灵，是人文荟萃的著名侨乡，厚重的历史赋予了永宁镇丰富的文物遗产和深厚的文化底蕴。此外，永宁镇地处亚热带，四季常青，气候温和，冬无严寒、夏无酷暑，是除了感受历史人文之外，度假的好地方，泉州有名的石狮黄金海岸便坐落于永宁镇海滨。

永宁镇财神庙

永宁镇自古以来经商的人很多，所以这里的人非常敬奉财神。

据传明时倭寇血洗永宁古街，当天狂风暴雨大作，血水高涨，冲刷古街。因此，每年的4月20至24日，当地人都会挑水清洗古街，进行祭祀，俗称“陷城洗街”。

1940年7月16日，日军突袭福建惠安崇武、石狮永宁（时属晋江县）等地，一路烧杀掳掠，犯下了滔天罪行，制造了一桩骇人听闻、震惊海内外的血腥事件，史称“七一六”惨案。

民居上的匾额

在永宁镇的古宅上，几乎每家每户的门匾都各不相同。每家每户保留下来的古厝都会流传下去，很少会去拆掉或者重建，在闽南人的心里，宗祠凝聚着每一位红砖厝中家族成员的魂灵，传承关于家的荣耀。

崇武古城

历 经 600 多 年 风 霜 的 古 城

崇武古城海域遍布岛屿、礁石、沙滩，地形复杂，易守难攻，是一个战略地位十分显著的国防要塞，历来为兵家必争之地，如今是壮美与秀丽并存的旅游胜地。

崇武古城因城呈荷花状，城中有莲花石，又称莲城。城西侧的港湾似江流，又称江城。郊区以铺首村庄命名，称溪底铺。

崇武古城坐落于福建省泉州市惠安县东南海滨，夹在湄州湾与泉州湾之间，濒临台湾海峡，其海岸蜿蜒起伏，连接半月湾和西沙湾，被称为“中国八大最美海岸线”之一。

崇武古城

明代守丞丁少鹤曾有诗句赞道：“孤城三面鱼龙窟，大岞双峰虎豹关。”

崇武古城地处福建省东南沿海突出部，是“东海南海气象分界线”，古名小斗，以村空所处地形似斗而名，后被音讹为小兜。宋朝时先后在此设巡检寨、小兜寨。元朝时改巡检司、行满乡等。明朝时在此建崇武城，意为崇尚武备。

如今，崇武古城是最早对台贸易的港口，也是我国台湾地区汉族同胞重要的祖籍地之一。崇武被列为首批闽南沿海开发区工业卫星镇，是国家 4A 级风景名胜区、石雕之乡和历史文化名镇，知名景点有崇武古城、崇武石雕工艺博览园、天下第一庙等。

❖ 崇武古城

❖“中国·崇武东海南海气象分界线”界碑

该界碑矗立在崇武古城东南角。

❖江夏侯周德兴

江夏侯周德兴戎马一生，为明王朝立下了汗马功劳，但他教子无方，最终因为儿子犯错而被童年的伙伴、当时的皇帝朱元璋斩首以维护法纪。

崇武古城的由来

崇武古城是一座明代石城，它是我国仅存的一座保存最完整的海滨石城，其最大特色是古城与大海浑然一体。它比较完整地见证了中国海防历史。

明洪武二十年（1387 年），崇武守将江夏侯周德兴为了防备海盗和倭寇骚扰，在崇武修建城池，其后经过多次增筑维修。嘉靖三十七年（1558 年），该城遭到了倭寇连续 6 天不停歇地攻城，最终沦陷了，百姓生命财产都遭到了严重的损失。

明隆庆元年（1567 年）四月，抗倭英雄戚继光在此屯兵，兴修城防，建立起一套完整的军事制度和城防设施。倭乱平定后，崇武也成了东南沿海的重镇。这里的“护龙宫”“崇山宫”“崇报祠”“元饲宫”“十二爷宫”等都是古城军民为纪念抗倭牺牲的

❖崇武古城内的武功大夫府第

❖ 海潮庵

始建于宋朝的海潮庵。

❖ 古城内的石雕——白猫、黑猫

英雄而建造的。到清代又进行了大规模的整修，如今崇武古城的城墙已经失去了军事作用。

1983 年，国家拨款将崇武古城长期废弃的城墙进行了全面修复。

古城弥漫着沧桑

崇武古城历经 600 多年的风霜，如今依旧屹立在崇武半岛之上。古城内保存着宋、明、清历朝所修建的寺庙、庵堂 30 多座，有宋代的“云峰庵”“水潮庵”（现在又改叫“海潮庵”），有明代的“关帝庙”“东岳庙”，也有敬奉妈祖娘娘的“天妃宫”，以及纪念当地有功人物的“灵安王庙”等，这些古建筑增添了古城古朴优雅和沧桑的气息。除此之外，在崇武古城还有一座与众不同的庙，被誉为“天下第一庙”。

❖“锁镇海邦”

戚继光曾为之题匾“锁镇海邦”，郑成功曾在此挥师东渡，收复台湾。

天下第一庙——不供神、不供佛的庙

❖ 天下第一庙

天下第一庙位于崇武古城边上，临海而立，这座庙内既没有道士，也没有和尚，不供菩萨、不供神、不供祖先，只有 27 尊解放军战士塑像，这便是全国独一无二、世界绝无仅有的、专门为牺牲的军人建造的庙宇。

这座庙宇的建造来自一个真实感人的故事：1949 年 9 月 17 日，解放军战士和往常一样，在惠安崇武练兵，突然有几架国民党军队的飞机飞来，用机枪疯狂地向集市扫射，人群四散开来，一个 13 岁的小女孩一边奔跑，一边哭喊着找妈妈。飞机此时就在她的头顶上方盘旋，情况万分危急。为了保护群众的安全，战士们顾不及躲避，架起机枪向空中扫射国民党军队的飞机，其中 5 名解放军士兵，不顾一切地扑向小女孩，用身体挡住了子弹。小女孩得救了，而 5 名解放军士兵却牺牲了。

20 世纪 90 年代末，著名美术家洪世清以古人诗句“孤城三面鱼龙窟”为名，以滩头、水中礁石及海岸岩石，雕刻了 150 多件海生动物和 30 多件名人题写镌刻。

❖ “鱼龙窟”岩雕

这次战斗中，一共有 27 名解放军战士光荣捐躯。

1993 年，当年被救的小女孩拿出自己所有的积蓄，卖掉了自己全部的金银首饰，筹集了 6 万元，又在当地政府和村民的大力支持下，经过 3 年时间，建成了这座全国独一无二的“解放军烈士庙”。

登高远眺惠安女

闲步崇武古城，任意一个拐角都有机会触碰、倾听历史。登上古城最高处，可将崇武海岸尽收眼底：满眼奇异的礁石、半月沉湾、白鹤开天、西沙银蛇、狮石晚照等古镇美景，还有港口渔市上忙碌的惠安女，她们头戴黄斗笠，披着花头巾，与蓝天白云相映成趣。夕阳西照下的整个海湾，好像被涂抹上一层充满诱惑的色彩，带给人一种悠远的意境，人与自然完全相融。

2006 年，惠安女的服饰被列入国家级非物质文化遗产保护名录中。

惠安女雕塑

早期，惠安女有“不落夫家”的遗俗，结婚后也不在夫家住，她们仍然住在娘家，直到生了孩子后才会和丈夫搬到一起住。

博鳌镇

博鳌亚洲论坛永久性会址

博鳌镇远离都市喧嚣，环境幽雅、静谧，小镇所在的东屿岛与玉带滩隔水相望，一动一静，更为小镇增添了许多迷人的意境。

博鳌镇位于海南省琼海市东部海滨的万泉河入海口，距离海口市 105 千米，距离三亚市 180 千米。博鳌镇的面积为 86.75 平方千米，人口 2.9 万人，辖 17 个行政村，是海南省著名的“华侨之乡”和“十大文化名镇”之一。这里的主要商业设施几乎都集中在镇中心，开车去哪里都方便。

❖ 鳌

鳌：一种说法是龟头、鲤鱼尾的鱼龙；另一种说法是海里的大龟；还有一种说法是龙之九子的老大，相传“龙生九子，鳌占头”，为龙头、龟身、麒麟尾。

因滨博鳌港而得名

博鳌镇因滨博鳌港而得名，早在宋代，博鳌就有疍家人在此居住和繁衍生息。当时，博鳌作为一个“浦”的名称，“博鳌”的意思是鱼类丰（多）硕（大），即“鱼多鱼肥”，因此，博鳌浦即是鱼类丰硕之浦，饱含疍家人盼望有一个“鱼多鱼肥”的良好生存环境的愿望。明初称为博鳌浦乡，明末改称为博鳌乡；中华人民共和国成立后，它成为琼海的博鳌区；1987 年，博鳌区改为博鳌镇。

宋代天圣元年（1023 年），疍家人集资在博鳌建起三江庙，此时在此居住的疍家人已有一定规模。

宋朝末年，疍家人的先祖黄九公受命镇守博鳌至铜鼓岭的海疆。他带领士兵和老百姓在博鳌东山用黄土筑成的哨所形如小山丘，被叫作黄楼。黄九公后因守海疆有功而被封为殿前将军。

❖ 博鳌名菜——嘉积鸭

博鳌名菜有嘉积鸭、文昌鸡、万泉河鱼、香辣和乐蟹等。

❖ 玳瑁

玉带滩上生活着国家二级保护动物玳瑁。

龙王的腰带——玉带滩

玉带滩位于博鳌镇万泉河入海口，是一个自然形成、向海中延伸的沙滩半岛。它的西侧是万泉河、九曲江、龙滚河和东屿岛，东侧是烟波浩渺的南海。玉带滩是世界上最狭窄的分隔海、河的沙滩半岛，1999 年 6 月被载入《吉尼斯世界纪录大全》。

玉带滩的基底是一种混合花岗岩，这种石头硬度较大，可以抵挡海浪长久以来的侵蚀，但是覆于其上、狭长数千米的沙滩却会随着潮汐大小而变化形状大小，涨潮时最窄处只有十几米，从远处看去，就像一条美丽的飘带在大海中漂荡，当地人称之为玉带滩，因为他们相信这处沙滩是龙王的腰带所化，保佑着琼海一年四季都可以风调雨顺。

❖ 美丽的玉带滩

❖ 博鳌亚洲论坛场馆

1998 年 9 月，澳大利亚前总理霍克、日本前首相细川护熙和菲律宾前总统拉莫斯倡议成立一个类似达沃斯“世界经济论坛”的“亚洲论坛”。2001 年 2 月 27 日，26 个国家的代表在中国海南省博鳌召开大会，正式宣布成立博鳌亚洲论坛。

2001 年后的每一年的博鳌亚洲论坛都在东屿岛举办，这里成为博鳌亚洲论坛的永久会址。

❖ 圣公石

在当地村民的心中，圣公石不仅有镇海的作用，还可以保佑他们平安顺遂、满载而归。

东屿岛

东屿岛是博鳌亚洲论坛永久性会址所在地，它与玉带滩隔水相望，整座岛就像一只缓缓游向南海的巨鳌，岛上植物丰茂，曾经是一个与世隔绝的小渔村，宛如世外桃源，居住着以捕鱼为生的疍家人。岛内同姓不通婚，进出全靠摆渡，与外界鲜少往来。自从 2001 年博鳌亚洲论坛在此召开后，这个原本远离喧嚣的小渔村发生了天翻地覆的变化，摇身一变成了一个旅游度假胜地。

除了博鳌亚洲论坛永久性会址和玉带滩之外，在博鳌镇周边还有许多景点，如海滨温泉度假之地东屿岛温泉、供游人休息观海的酒吧公园、有“最美乡村”之誉的博鳌南强村、下南洋衣锦还乡的蔡家森的大院、著名的南海博物馆等。

圣公石传说

在玉带滩东侧有一个由多块黑色巨石组成的岸礁屹立在南海波浪之中，这便是有名的“圣公石”，当地村民奉若神灵，每次出海前，村民们都要沐浴更衣，到此祈福，据说这个民俗已经延续了几百年。

相传天地初定时，天上有个大窟窿，女娲娘娘熔炼五彩石补天时，见南海玉带滩有玉龙翻滚，便顺手滴了几滴岩浆在此，它镇住了整片玉带滩。百姓一直坚信，有了圣公石的庇佑，才使玉带滩可以历经海浪长久侵蚀却依然存在。

昌化镇

海　　南　　古　　都

昌化镇是一个很小的古镇，这里的沙滩又细又软，海岸上怪石嶙峋，有原始、天然的美景，历代慕名而至的名人众多，如苏东坡、赵鼎、郭沫若……他们被美丽神奇的景色所吸引，留下了脍炙人口的诗篇。

昌化镇境内的龙血树分布于昌化大岭山腰，面积约 5000 亩，2008 年被海南省林业局划定为自然保护区。

昌化镇素有“海南古都”之称，其地处海南省昌江黎族自治县西南部，东与乌烈镇接壤，南隔昌化江与东方市相望，西临北部湾，北与海尾镇相邻。

苏东坡的贬谪之地

昌化镇境内的海岸线长 14 千米，有天然港湾两处。海洋鱼类有马鲛鱼、石斑鱼、海鳗、红鱼、带鱼、青鳞鱼等，还有螃蟹、对虾等。浅海水域面积 4500 亩。

昌化镇因镇政府驻地昌化港而得名，总面积 125.87 平方千米，虽说是一个镇，但顶多算是一个行政村。但昌化镇的名声却不小，苏东坡当年的贬谪之地就叫“昌化军”。据记载宋神宗熙宁六年（1173 年）改儋州设昌化军，治义伦县（今海南省儋州市西北旧儋县）。辖境相当于今海南省儋州、昌江县、东方市等市县地，下辖宜伦、昌化、感恩三县。明朝时建有古昌化城，拥有坚固的城防系统。1914 年，其归昌江县管辖，1987 年改称昌化镇。

❖ 古昌化城内的老屋

古昌化城池始建于明洪武年间。永乐年间，昌化县因受倭寇扰乱，以石砖砌墙，周长 2.5 千米，高 6 米，厚 5 米。明正统十年（1445 年），昌化知县周振又在城池外围近墙处开挖 5 尺宽的深壕沟，昌化城池至此形成了坚固的城防系统。后来因台风的袭击，城墙几经破坏和修缮。现存城墙呈正方形，周长 2 千米，墙上有残块城砖，壕沟遗迹清晰可见。

❖ 棋子湾散落海边的奇石

棋子湾

昌化镇位于滨海沙地平原地带，地势东高西低，属典型的热带季风气候区，年平均气温25℃，全年无冬，光照充足。这里虽然与现代科技、繁华不沾边，但却是典型的滨海旅游风情小镇。境内有海南岛西岸的最美海湾——棋子湾，弧形的沙滩宛如棋盘，湾内红、蓝、绿、黄、白、紫、青七色石块星罗棋布，块块光滑润洁、晶莹透亮，有著名的棋子湾十景，即船帆石、海湾大角、海湾小角、治癣沟、祭海石、观鱼石、盼郎滩、仙娘洞、怪石群、棋子篮。

❖ 小角与中角之间的导航灯标

棋子湾的名字大有来头

棋子湾的名字来自一个神话传说。相传有两位神仙在这片海边比棋，他们从清晨一直下到中午，烈日下两位神仙又饿又渴，但谁也不服输。

路过的渔民拿来了酒肉和茶水，供两位神仙消饥解渴。

下完棋后，两位神仙也已吃饱喝足了，便要重谢渔民。但渔民早已经离去，寻不到踪影了。为了感谢渔民的热心肠，两位神仙便将棋子撒入大海里，成了奇石秀岩层叠至岸。从此以后，这里风平浪静，鱼虾丰盛。

石塘古镇

中国的巴黎圣母院

石塘镇以融合天工之巧和人工之妙的特色闻名遐迩，路是石铺，街是石造，巷是石围，房是石砌，古朴苍茫、雄浑粗犷，而石块的缝隙里长满了野草和青苔，有一种浩然的阳刚之美和悠远的沧桑之感，整个小镇遗世独立，有一种“结庐在人境，而无车马喧”的意境。

石塘镇三面环海，属于浙江省温岭市辖镇，地处浙江东南海岸线，由原石塘、箬山、钓浜三镇合并而成，是一个古老而神秘的渔村式的海边小镇，曾被称为中国“最美渔村”，还被称作“画中镇”“东方好望角”“中国的巴黎圣母院”。

❖ 石塘镇的石屋和石板路

石塘镇是由一个个没有分界线的村子组成，被弯弯绕绕、上上下下的石阶小路连接。

❖《石塘山下人家》

著名画家吴冠中 1982 年作。以硬笔速写融合彩墨，将《石塘山下人家》呈现眼前，画中的风景，透过粗、细两种笔触，构建出乡村人家与崇山峻岭。

❖ 石塘镇石屋

明代古堡是石塘镇最高、最古老的地方。其古朴苍茫、雄浑粗犷，给人一种浩然的阳刚之美和悠远的沧桑之感。

画中镇

石塘镇西北以石塘山为屏，原为一座海岛，故旧称石塘山，据《台州府志》记载："塘多泥筑，少石砌者，惟此塘独砌以石，故即以为全岛总称。"镇中村落、房屋、道路，皆随地势升降用石块垒筑，石屋、石街、石巷、石级、石塘中低边高，错落有致，独具风采。在方圆四五平方千米的山岙里，全是那种"屋咬山，山抱屋"的石砌建筑。著名画家吴冠中曾被这里的风光所倾倒，在此泼墨绘画出著名的《石塘山下人家》。除了吴冠中之外，张仃、阿老、沈柔坚、彦涵、袁运甫等都曾在这里写生，让这个渔村充满了浓郁的艺术气息，因此人们称之为"画中镇"，是画家和美术学院的师生写生以及摄影爱好者取景的胜地。

❖ 沈柔坚

沈柔坚（1919—1998年），福建诏安人。早年学中国画，继学西画，20世纪30年代中期又学版画。抗日战争爆发后参加新四军，从事美术创作。历任军部战地服务团绘画组组长，华东《大众日报》美术研究员等。曾任上海市文联副主席等，代表作品有《拉纤者》《拾草》等。

另一说法，古镇分布着酷似欧洲中世纪古城堡的石堡楼，一般有二到三层高，其别具一格，因此被誉为“中国的巴黎圣母院”。

中国的巴黎圣母院

石塘镇坐拥绝美海岸线、翠绿山头与海景公路，具有旖旎的海滨风光，并有一个很响亮的名头——中国的巴黎圣母院，大部分人听到这个称呼，都会以为它是教堂或者是西方风格的宗教圣地，但是石塘镇的这个名号却和教堂、宗教没有关系。

“中国的巴黎圣母院”这个称呼来自画家沈柔坚，据说当年沈柔坚来到石塘后，被这里的石头房子的粗犷、古朴，以及乡土风情深深吸引，回去后逢人便说：“法国巴黎圣母院是西欧画家写生的必到之地，石塘媲之，毫无愧色，石塘是中国的巴黎圣母院！”此后，“中国的巴黎圣母院”这个称号便在画家以及艺术爱好者圈内传播开来，渐渐地，石塘就被称为“中国的巴黎圣母院”。

石塘镇沙滩

2000 年新千年的第一道曙光在我国首先照到石塘，同年，一颗编号为 14147 号的小行星命名为“温岭曙光”星，成为第一颗以浙江省城市命名的小行星。

石塘镇的建筑大多由灰色石头垒砌，让人有沧桑遗世之感，而小箬村却颠覆了人们对石塘镇的认知，让人有不一样的感受。

❖ 石塘天后宫

小箬村的面积不大，是石塘镇最佳的落日观看地和拍摄点之一，其位于石塘半岛西南部，曾是一座孤立的小岛，三面环海。和石塘镇其他地方一样，这里的房屋也都是用石头垒砌而成，但是这里的石头屋被用各种彩色的油漆粉刷成马卡龙色、糖果色、莫兰迪色，独具高级感，因而被称作彩虹村。这个原本普通的小村变得充满活力，吸引了不少游客来此游览，进岛的路常常会因车流过大而堵车。

石塘镇是温岭的一张旅游名片，除了海韵石秀、阳光沙滩、彩虹村之外，还有大奏鼓、扛台阁、七月七小人节等民俗文化，古老而富有风情；海洋剪纸、船模、贝壳画等民间工艺则独特且历史悠久，使这个被誉为“中国的巴黎圣母院”的地方更具吸引力。

❖ 千年曙光纪念碑

石塘镇的大奏鼓、七月七小人节相继被列入国家级非物质文化遗产名录。

❖ 小箬村

石浦镇

浙　洋　中　路　重　镇

石浦一边是古镇，一边是大海，拥有丰富的海洋资源和深厚的渔文化内涵，整个小镇拥有浓郁的海边小镇风情，由古城、海港、渔村和几座海岛组成，是到海边踏浪、捕鱼、休闲以及畅游古迹的好去处。

石浦镇为中国历史文化名镇，位于浙江沿海中部，象山半岛南端，北接新桥镇、定塘镇等乡镇，西扼三门湾，南与鹤浦镇、高塘镇隔港相望，东临大目洋、猫头洋，素有“浙洋中路重镇”之称。

在《舌尖上的中国2》第五集《相逢》中，张士忠的回台和家人重聚的故事就发生在石浦，片中还着重介绍了象山海产——淡菜。

石浦镇所属岛屿有檀头山岛、东门岛、对面山岛、半招列岛、渔山列岛等。

石浦镇辖8个社区、54个行政村，共有常住人口100 802人（2017年），渔业人口2.4万人，辐射周边5个镇乡的十多万人口。

地形呈长条形

石浦镇陆地面积121.6平方千米（含海岛面积19平方千米），由原东门乡、檀头山乡、番头乡、金星乡及昌国镇等6个乡镇合并而成，包括檀头山岛、东门岛、对面山岛、半招列岛、渔山列岛等众多岛屿，地形呈长条形，东北—西南走向。陆上海岸线长108千米，分布着石浦港、石浦古城、中国渔村等当地知名景点。

❖ 幽静的石浦古城街道

石浦镇属亚热带季风性湿润气候，四季分明，日照充足，温暖湿润，是一个旅游的好去处。石浦镇离象山很近，开车最多 40 分钟即可到达。

素有“浙洋中路重镇”之称

最早记载石浦先民在此耕海牧渔、繁衍生息的典籍是《汉书·地理志》。唐神龙二年（706 年）这里已成村落，明洪武二十年（1387 年）筑城，石浦古城三面环山，沿山而筑，依山临海，一头连着石浦港，一头深藏在山间谷地，人称“城在港上，山在城中”。城墙随山势起伏而筑，城门就形而构，古城居高控港（石浦港），曾为抗倭之地，遂成海防重镇，素有“浙洋中路重镇”之称。

如今沿着蜿蜒曲折的老街拾级而上，不经意间就会遇见一处老宅或古迹，曾经的商业老街历历在目，无不散发着浓郁的渔商气息。

“出五门、通四海”

石浦港（石浦渔港）旧称“酒吸港”，又名荔港，有“一出东门便十洲”之称，历史上海上交通发达，有“出五门、通四海”之说。

石浦港呈东北—西南走向，一头连着石浦古城，为“月牙”状封闭型港湾，可泊万艘渔船，行万吨海轮，港内风平浪静，是东南沿海著名的避风良港，兼

❖ 石浦所属岛屿——渔山列岛

石浦是全国六大中心渔港之一、国家二类开放口岸、浙江省小城镇综合改革试点镇和首批小城市培育试点镇、宁波市首批卫星城市建设试点镇。

❖ 石浦古城打卡点—— 一石见千年

据资料考证，石浦镇已有 1300 多年历史。因早期先民“沿溪布村，村前滨海处多岩”而得名石浦。

❖ 石浦古城

❖ 中国渔村

中国渔村坐落于石浦港畔，是一个集全国渔区文化、生活风情于一体的休闲、度假区，由渔文化民俗街、皇城沙滩、旅居结合的欧美风情小镇，以及石浦渔港、石浦古街、檀头山、渔山岛、渔人码头等组成。

渔港、商港之利，是国家二类开放口岸，被列为“全国四大群众渔港”之一。每到休渔或避风时节，石浦港内会呈现樯桅林立、万船云集的壮观场景。

石浦镇海岸曲折，礁岩嶙峋，境内还有一处属中国渔村的长 1.8 千米的皇城沙滩，潮落时宽约百余米，沙滩坡缓底平，沙质洁净、细腻，有“黄沙细如练绢”之称，是旅游、休闲、度假的好去处。

使石浦古城成名的是中国第一部有声电影、第一部在国际上得奖的电影《渔光曲》。1933 年，剧组一行 30 多人曾在石浦古城逗留并拍摄。

石浦有“三月三、踏沙滩”“祭海”等独特的风俗，其中“祭海”就是渔民出海捕鱼时为求平安、丰收的一种仪式。

历史上，明州（宁波）港是我国海上丝绸之路的始发港之一，吴越地区大量的丝织品和越瓷通过明州港走向世界，而石浦港就是海商文化的桥头堡，也是浙东主要商埠之一。

石浦每年有 4 个多月的休渔期，9 月中旬结束休渔期，开捕时会举行一场盛大的开渔仪式，又叫作开鱼节，仪式中渔港里旌旗招展、千帆竞发、万炮齐鸣、舞龙舞狮、祭拜海神，众渔船首尾相接奔赴渔场，场面欢腾而热闹。此外，这个时期的海产品很新鲜，海边有一块很大的区域，全是吃海鲜的店铺。

鹤浦镇

隐匿的人间天堂

鹤浦镇是一个渔业老镇，如一块未加雕琢的璞玉，镶嵌在南田岛上，小镇及其周边有漫长的海岸线，沙滩平展，沙质细腻，海水洁净，低调、小众又迷人，宛如人间天堂。

鹤浦镇位于浙江省宁波市象山县南田岛（宁波市第一大岛）上，距石浦镇南 3 千米，整个小镇以及小岛自古就被称作乐土，如今，这里依然是一个隐匿的人间天堂。

明洪武年间，朝廷厉行海禁，南田岛被列为“封禁之地”，不准百姓进岛垦种。清初，浙江沿海以张煌言为首的抵抗运动激烈，南田岛、花岙岛等是其活动据点之一。故当沿海其他岛屿于康熙年间陆续解禁时，唯南田岛又永为禁域，直到光绪元年（1875 年）十月，经浙江巡抚杨昌浚奏请，这座被封锢 5 个世纪之久的岛屿始获准开禁，成为历史骇闻。

充满自然之美

南田岛又名牛头山，全岛面积 84.38 平方千米，平地占 1/3，西部多低丘平原，东部多山地，最高点海拔 405.4 米，全岛森林覆盖率达 40%，柑橘、枇杷等果木种植较多。岛上有众多海湾，有绵延 78 千米、曲折的海岸线，海域开阔，充满自然之美。

抗日战争时期，日军数次入侵南田岛，均遭地方武装痛击。

鹤浦镇就隐藏在南田岛的西北海岸，与宁波石浦镇隔海相望，是一个渔业老镇，也是南田岛的商业中心。

鹤浦镇始建于 1932 年，是南田岛的主要港口，每天都有往返于对岸石浦镇的客船（汽渡）。

南田岛环岛路盘山而行，沿途有众多小岔道，可通往密林中的清幽村落或蔚蓝海边。

❖ 南田岛环岛路

❖ 往返鹤浦镇与石浦镇的汽渡码头

❖ 这是鹤浦镇上最古老的也是唯一的一家电影院

鹤浦镇沿岸有一条长达 5 千米的长堤，长堤外与石浦镇之间形成一个超大的港湾，那就是中国四大渔港之一的石浦港，港内桅樯林立，船来船往……

沿着长堤，不远处是南田岛环岛路，可自驾或者骑行，它几乎贯穿鹤浦镇及周边主要景点，如大沙沙滩、风门口、金七门……公路沿途有绵延的山、绿油油的树、蔚蓝的海，几乎每个拐角都充满了未知的美丽。

大沙沙滩

大沙沙滩长约 800 米，宽约 150 米，沙面平展，沙质细腻，海水清澈，底无乱石，素有“潮来一排雪，潮去一片金”

❖ 大文沙村

❖ 风门口

❖ 龙门

离大文沙村不远的地方就是传说中鲤鱼跳过的龙门，而龙门前面就是白龙潭，据说住着那条跳过龙门的鲤鱼变成的白龙。

的美誉。这里风光秀丽，崖下怪石峥嵘；港外浪声阵阵，航船似梭；晚间渔火点点，清晨红日东升，有“海阔透天作岸”之景观，让人流连忘返。

大沙沙滩所在的大文沙村（又称大沙村）遍布大大小小的精品民宿、网红民俗、客栈和农家乐等，可以满足游客的入住需求。

风门口

沿着南田岛环岛路南边高高低低、错落有致的小渔村前行，然后再沿着岔路往东，道路的尽头连接着大海，这便是南田岛最东端一个呈“V”字形的地方——风门口，听名字就知道，这里的风一定很大、很猛。

❖ 金七门海滩

❖ 金七门段沿海公路

风门口是浙江省唯一位于海岛上的省级森林公园，这里风光旖旎，碧海金沙，港湾、岩洞、岛礁、断崩崖、卵石滩等随处可见。无论是爬上海边的礁石，还是登上高处的观景台，凭栏远望，视野十分开阔。风门口被称为东海最先看到日出的地方。在此观日出时，在狂风的驱赶下，朝阳颤抖着爬出海面的那一刻，仿佛整个世界都在为此喝彩。此外，风门口还是露营的好地方，伴随着点点渔火，将自己融入大海、沙滩、森林之中，可尽享“万里涛声到枕边”的浪漫风情。

金七门

由风门口继续向南，绕过十八弯山路，即可到达南田岛的最南端——鹤浦镇最具特色的金七门小渔村，这也是宁波最南端的小村，堪称“宁波的天涯海角”。

金七门是一个原始淳朴的古渔村，就像是一个世外桃源，在鹤浦镇的名气不如大沙沙滩和风门口，因此少有游客光顾。也正是这个原因，这里的海岸线更加原始，没有任何的人为痕迹。

都说人来世上一遭，一定要轰轰烈烈，而当来到鹤浦镇后，沿着南田岛环岛路前行，沿途所有的原始元素，都能不经意地使你沉醉，不由得放松身心，只想在路边多停留一会儿，在沙滩上多躺一会儿。

鱼对金七门的人来说是一种精神图腾，所以还诞生了很多有意思的鱼文化产品。村子里面到处可以看到与鱼有关的绘画、雕刻、灯笼，最让人难忘的是鱼拓，它属于非物质文化遗产，吸引着游客的眼球。

❖ 鱼文化——灯笼

涠洲镇

独具特色的海蚀风景

涠洲镇由有广西“蓬莱岛”之称的涠洲岛与美轮美奂的斜阳岛组成，整个小镇及其周边最大的看点就是奇形怪状的海蚀洞、海蚀平台、海蚀崖、海蚀柱……另外还有贝壳沙滩、五彩滩等美得让人窒息的风景。

涠洲镇位于广西壮族自治区的北部湾海域，属于北海市海城区下辖镇。涠洲镇东望雷州半岛，东南与斜阳岛毗邻，南与海南岛隔海相望，西面面向越南。

涠洲镇是一个海岛镇

涠洲镇与北海市的直线距离为 21 海里，是一个海岛镇，四周是被大山包围的丘陵山地，西面是罗霄山脉，东面是武夷山与九连山脉，南面是南岭，在罗霄山脉的中段还有一条雩山山脉与武夷山相连接，形成一个对外相对封闭的自然环境，因而形成一种以汉文化为主导的、与周边文化相区别的客家文化。

在汉朝时，这里曾属合浦郡，元朝时海岛中建有涠洲巡检司，因而得名涠洲岛。1984 年 9 月，撤销公社设涠洲镇，隶属于北海市海城区，辖涠洲、斜阳两岛，海岸线长 57.2 千米，行政区域面积 26.63 平方千米。

❖ 涠洲岛

❖ 涠洲岛灯塔

这座灯塔是全岛的制高点和标志性建筑，也是渔民们的守护神。

❖ 涠洲岛火山口

涠洲岛丰富多彩的地貌

涠洲岛是中国地质年龄最年轻的火山岛，也是广西壮族自治区最大的海岛，岛形近似于圆形，东西宽约6千米，南北长约6.5千米，数百万年来，多次发生海洋风暴、地震、火山及引发的海啸，加上平时海水与海岸的相互作用，形成了南高北低的地势，南半部以海蚀地貌为主，有海蚀崖、海蚀洞等，逐渐过渡到北部的海积地貌，如平坦宽阔的沙质海滩、沙堤、潟湖及礁坪。

岛内丰富多彩的海蚀、海积、海滩地貌形成了大量的景点，其中最具特色的景点有鳄鱼山、滴水丹屏、石螺口和五彩滩等。

❖ 鳄鱼山沿海栈道

❖ 滴水丹屏

滴水丹屏附近有涠洲岛最大、最美的沙滩金马滩，沙子非常干净、柔软。

滴水丹屏离海底珊瑚区很近，水下岩石成巨型块状，深度为5米左右，可见少量的珊瑚、海葵以及部分海洋鱼类，适合稍有潜水经验的潜水者。

鳄鱼山

鳄鱼山位于涠洲岛南湾西侧，如一只“绿色巨鳄”潜伏于海岸之上，这里是观赏火山岩石与美妙海景的绝佳去处。

沿着鳄鱼山沿海栈道顺海而走，可以看到山脚下的奇石怪岩，它们经过千百年的水蚀风刻后神态各异，有火山弹冲击坑、古树化石、水帘洞、海蚀柱、海蚀拱桥、海蚀墩、龙宫、藏龟洞、贼佬洞、百兽闹海等地质奇观，十分具有观赏价值。此外，涠洲岛灯塔和月亮广场也是不错的游玩之地。

鳄鱼山是涠洲岛的主要景区之一，2009年12月被批准为国家4A级旅游景区。

滴水丹屏

滴水丹屏堪称中国火山景观的奇迹，曾被列为“北海八景”之一，位于涠洲岛西部的滴水村，其海滩背后就是涠洲岛灯塔，沿着环岛路骑行5分钟即可到达。

石螺口海滩西北部有一块被称为“望夫石”的海蚀岩，其似身背婴孩的美丽少妇，站立海岸盼夫归来。它是石螺口的网红打卡景点。

❖ 望夫石

滴水丹屏原名滴水岩。绝壁裸露的岩层有红、黄、紫、绿、青五色相间，纹理异常清晰，绝壁上部绿树成荫，红花绿叶倒挂崖头，展现旖旎多姿的色彩，取“丹屏”之意；绝壁上的岩层中常有水溢出，不断地向崖下滴落，所以取名“滴水”。

滴水顺着丹屏汇流于绝壁脚下，沁入银色沙滩，融入大海，消失在阵阵涛声中，犹如仙境一般的浪漫。

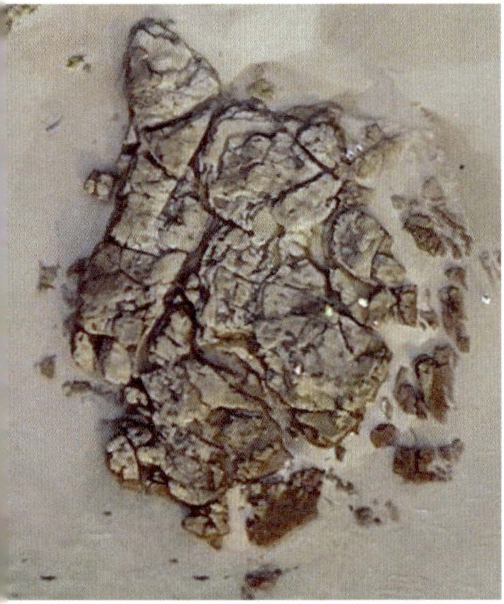

❖ 鸟瞰石螺口

从空中看，石螺口像一只王八，或许王八不够好听，所以才用石螺这个名字吧。

石螺口

从滴水丹屏沿着海滩或环岛路，往北行走 2~3 千米就能到达石螺口。其因附近村庄形似石螺而得名，沿岸火山岩、海蚀岩丰富、奇特、怪异。

石螺口的沙滩很棒，硕大的一个沙滩上游人寥寥无几，有很多水上运动项目，如沙滩车、水上摩托，而且这边浪比较大，是一个不错的冲浪之地。

盛塘天主教堂

盛塘天主教堂位于涠洲岛的盛塘村，是“晚清四大天主教堂”之一。该教堂建于 1853 年，由法籍范神父花了 10 年时间，用岛上特有的珊瑚石，建造了这座典型的文艺复兴时期法国哥特式教堂。该教堂建筑面积 774 平方米，连同附属建筑在内总面积达到 2000 余平方米，是广西壮族自治区沿海地区最大的天主教堂，2001 年被列为全国文物保护单位。

❖ 盛塘天主教堂

在清代，朝廷因涠洲岛“孤悬大海，最易藏奸”而发出“永远封禁”令。清同治六年（1867 年）“重开岛禁”，据史料记载，当时岛上的移民总数约 6000 人，几乎全是客家人或从本省其他地方移民而来的，其中 1/3 是天主教徒。由于教徒人数众多，在涠洲岛传教的法籍范神父，为解决宗教活动场所，所以才筹建了这座哥特式教堂。

❖ 三婆庙

三婆庙又称妈祖庙、天后宫，建于 1732 年，它利用海蚀洞作为天然屏障，庙与岩洞巧妙地结合在一起，高度体现了涠洲岛人的智慧。庙外花木茂盛，岩石纵横，曲径旁通。庙侧绿荫下有几口仙人井，涌泉常溢不断。井水有口甘生津、清凉解毒之效。

在涠洲岛除了有天主教堂外，还有三婆庙等人文景观，印证了中西合璧的历史足迹。

五彩滩

五彩滩原名芝麻滩，因沙滩上有许多像芝麻一样的小石粒而出名，退潮后的芝麻滩格外漂亮，旁边被海水腐蚀的岩石不仅形态各异，而且由于有绿苔、红藻覆盖，在阳光的照射下，呈现五彩斑斓的景色，因此得名“五彩滩”。

五彩滩位于涠洲岛东海岸，在长达 1.5 千米的海岸线上，退潮时可见宽达几十米至上百米的海蚀平台；平台上一层又一层的海蚀沟，在阳光的照耀下十分漂亮；在海蚀平台的尽头耸立着高达 20~50 米的海蚀崖；在海蚀崖与海蚀平台的交界处，形态各异的海蚀洞随处可见，形成国内罕见的集海蚀崖、海蚀平台、海蚀洞于一体的地质景观带。

❖ 红色海蚀崖

❖ 贯穿贝壳沙滩的环岛路

贝壳沙滩

从五彩滩往北一直到西北部的蓝桥（即中石化原油码头），绵延将近 6 千米的海滩都属于贝壳沙滩，它是涠洲岛海岸线上最长的沙滩，有一条环岛路贯穿贝壳沙滩沿岸，从环岛路上即可走进贝壳沙滩。

贝壳沙滩游客稀少，因此保留了更多的原生态景色，喜欢赶海的朋友一定要到上面走走，许多小螃蟹、贝壳、珊瑚等你伸手去捡拾，让人格外惬意。

斜阳岛状似一朵盛开的莲花

涠洲镇的主要风景几乎都集中在涠洲岛上，不过，涠洲岛东南方向约 9 海里处的斜阳岛的风景也是不容错过的。斜阳岛上居住的人很少，约有 290 人，民风淳朴，村民多靠打鱼为生，夜不闭户，宛如世外桃源。湖南卫视 2014 年 8 月 18 日播出的《变形计》曾在此取景。

❖ 中石化原油码头大桥

这是涠洲岛海岸线上的网红打卡点，尤其在雾天能拍出大片的感觉。

斜阳岛的面积为 1.89 平方千米，与涠洲岛一样，是由火山喷发堆凝形成，岛屿状似一朵盛开的莲花，中部凹陷，四周凸出。沿岸陵岩壁立，下临深渊，飞鲨、怪鱼、贝类、珊瑚清晰可见，是潜水爱好者的天堂。

岛上冬暖夏凉，野花繁多，森林原始，山径迷离，海蚀、海积及熔岩景观奇特，是寻幽探险的乐园。

因为从涠洲岛上可观看太阳斜照岛上的全景，又因它横亘于涠洲岛东南面，南面为阳，故称斜阳岛。

❖ 斜阳岛美景

图兰奔

纯　粹　的　潜　水　胜　地

图兰奔地处偏僻，几乎毫无商业设施，是一个纯粹的潜水胜地，而且几乎集中了巴厘岛所有的热门潜点。

巴厘岛的居民主要是巴厘人，他们信奉印度教，这里以庙宇建筑、雕刻、绘画、音乐、纺织、歌舞和风景闻名于世，是世界旅游胜地之一。

潜水者的乐园

图兰奔位于印度尼西亚的著名旅游岛——巴厘岛的东北部，是一个比较偏僻的小镇，和巴厘岛其他地方比起来，简直就是一个人烟稀少的小村，因此又被人们称为图村。

图兰奔既没有银行、商场、像样的酒吧和咖啡馆，也没有牛排和红酒，甚至海边都没有很好的沙滩，唯有阿贡火山和神秘的海底世界与之为伴。由于特殊的地形、海底珊瑚的多样性以及极其丰富的海洋生物，这里成为潜水者的乐园，被称为“世界最美的 50 个潜水胜地”之一。

整个图兰奔海湾长度约为 500 米，主要由 3 个潜点构成：“自由”号沉船、断崖和珊瑚花园。

❖ 天空之门

天空之门离图兰奔很近，开车大概 30 分钟的路程。

“自由”号沉船

图兰奔最有特色、最有趣的潜点是距离海岸约 40 米处的海底一艘第二次世界大战时期的美国沉船——“自由”号的残骸。

“自由”号沉船长 120 米，船体倒向右侧，最浅处（船尾）离水面不足 3 米深，水下平均能见度为 15~25 米。该沉船已经被珊瑚、海葵以及各种其他的海洋生物占领，人们在潜水时稍微一个动作，就能惊动一群小鱼从身边飞速游过，然后很快地钻进船舱，或是邂逅一群看似蠢笨的隆头鹦嘴鱼在不远处来回自由地游动。

“自由”号沉船潜点周边水况安全、水下生物丰富，是一个世界著名的潜点，也是在图兰奔潜水的亮点之一。

断崖

断崖位于图兰奔不远处的海边，是由阿贡火山的岩浆形成的峭壁，峭壁下是一片小碎石子沙地，沿着沙地向东游，深度为 3~70 米，崖壁上覆盖了各色珊瑚，巨扇珊瑚尤为壮观，这里是微距天堂。断崖潜点适合岸潜或船潜，在断崖深处除了布满珊瑚和大海扇外，还有机会遇到白鳍鲨，断崖浅水处能遇见海豚、章鱼、石头鱼、狮子鱼、海兔、寄居蟹和杰克鱼风暴等。

❖ **阿贡火山**

阿贡火山是一座位于巴厘岛东部的活火山，海拔 2997 米，为巴厘岛的最高峰，被当地人奉为圣山。在巴厘岛的神话中，诸神以群山为神座，将最高的神座阿贡山置于巴厘岛。又有一神话说诸神见巴厘岛摇动不稳，便将印度教的神山马哈默鲁镇压在巴厘岛上使之稳定，更名为阿贡火山。

图兰奔离阿贡火山只有 10 千米的距离，如果火山再爆发，这里也属于危险地带。

❖ **“自由”号**

1918 年 6 月，“自由”号在美国新泽西建成并成为美军的运输舰，第二次世界大战打响后，“自由”号被派往东方执行运输任务，1942 年 1 月，“自由”号执行任务行至巴厘岛，被日本潜艇的鱼雷击中后废弃在图兰奔的沙滩上。1963 年，不远处的阿贡火山爆发，引起地震和巨浪，将“自由”号抛到如今的位置。

❖ 图兰奔断崖

约400种鱼类以图兰奔为家，包括鲨鱼、隆头鹦嘴鱼、巨石斑鱼这些大家伙。

❖ 珊瑚花园中的佛像

珊瑚花园

珊瑚花园在“自由”号沉船和断崖之间，大片美丽的软珊瑚和硬珊瑚从2~3米深的地方开始斜着延伸到15~20米深处。在海底岩石上有很多为了保护珊瑚的铁架，上面不仅布满了各式珊瑚，还有当地渔民在珊瑚间安放的许多佛像、佛龛，使这个潜点变得更加神秘，成为巴厘岛的网红打卡潜点之一。

珊瑚花园适合浮潜和深潜，在此潜水时，会有彩虹鳗、剃刀鱼、皇帝神仙鱼以及甜唇鱼从身边游过，甚至还有胆大的鱼会好奇地游到潜水者身边，打量着这些不速之客。

图兰奔拥有巴厘岛最好的潜点，除了拥有最负盛名的“自由”号沉船、断崖和珊瑚花园潜点之外，沿着小镇海岸还有几十个潜点：可以从岸边走下大海，也可以从悬崖上一跃而下；可以浮潜，也可以深潜；不管是潜水初学者，还是有经验的潜水者，在图兰奔都能找到适合自己的潜点，享受潜水的乐趣。

乌布镇

巴 厘 岛 最 艺 术 的 文 化 小 镇

乌布镇沿街排开的木雕、石雕、椰雕和绘画作坊、日间的寺庙祈福、风景旖旎的活火山、原始椰林，以及划分规整的碧绿梯田，给人们带来一种独一无二的精神享受。

巴厘岛给人的印象是拥有丰富的海洋旅游资源，沙滩、碧海、阳光是巴厘岛的代名词，而位于巴厘岛中南部的乌布镇，却不仅仅因为海洋风景而出名。

巴厘岛人生性爱花，岛上处处用花来装饰，因此，该岛有“花之岛”之称，并享有“南海乐园”“神仙岛”的美誉。

巴厘岛的艺术发源地

2010年，美国影星茱莉亚·罗伯茨主演的电影《美食、祈祷和恋爱》将乌布镇介绍给了世界，让人们知道并认识了乌布镇，电影中有部分镜头就是在乌布镇的主要街道拉亚街拍摄的。拉亚街与猴林路的交会处就是乌布镇中心，街道上的艺术品商店、寺庙和博物馆充满艺术感，并以绘画、雕刻、音乐、舞蹈、摄影，甚至建筑等形式呈现。

❖ 乌布镇充满艺术感的商店

乌布镇是巴厘岛的艺术发源地，乌布皇宫、乌布市场等主要景点都聚集在镇中心。乌布镇四周被稻田包围，其间分布着石雕村巴土布兰、银器村、苏鲁村，还有油画村、蜡染村等各具特色的小村。村镇中不仅有浓郁的艺术和文化氛围，还透着厚重的宗教气息。据说巴厘岛在修建众多的度假村和旅馆时，几乎所有的装饰品都是来自乌布镇及其周边地区。

❖ 乌布镇工艺品

电影《美食、祈祷和恋爱》中展现的乌布镇的街道很拥挤，茱莉亚•罗伯茨骑着老式单车，穿行于小巷中，柔光镜中透出的朦胧，旧城碎瓦间丛生的热带植物，重新唤起了内心的希望和真实的自我。

乌布皇宫

乌布皇宫是乌布镇的地标，是巴厘岛王室的居所，其建于16世纪，面积不大，但古旧、沉稳，内部就像一个花园，还有一些凉亭式的建筑和雕像，充满了巴厘岛风情。

早在20世纪初，荷兰人就废黜了当地王室，但王室仍受到当地人的广泛尊敬，如今国王和他的夫人以及许多王族后裔仍住在乌布皇宫。乌布皇宫内有60多间房，如果游客需要，并能出得起昂贵的费用的话，也可以在这里住宿，体验一下皇宫生活。

在巴厘岛，不仅乌布皇宫的门很窄，普通百姓家的门也很窄。传说以前山里有妖怪吃人，但是妖怪很死心眼，不会翻墙，只会走大门，所以人们就把门做得很窄，妖怪就进不来了。

❖ 皇宫很窄的门

几百年前，据说巴厘岛上曾有8个王国，乌布被包围在其中，由于乌布国王广结善缘，所以别的王国都消失了，只有乌布保留下来。这里的国王只是身份的象征，并非真正意义上的国王，游客还可以和国王合影。

❖ 乌布皇宫

❖ 圣泉寺雕塑

圣泉寺的建筑规模宏大，包含了巴厘岛庙宇的所有特点，石制圣龛上早已是苔痕斑斑，而泉涌依然如当年。

从乌布皇宫出来，对面即是有名的乌布市场，里面有各种各样的佛像、木雕、饰品和银器商店，游客可以在此尽情地砍价，只要足够耐心，就能买到称心如意的东西。

圣泉寺

离乌布镇不远的圣泉寺是巴厘岛上六大著名庙宇之一。据古老的石碑上记载，圣泉寺于公元962年就已建造完成。

圣泉寺内最有名的就是建有一排24个龙首的泉水出口，泉水由龙口流入下面的大水池，供朝圣者接水和沐浴。

关于圣泉水的来历

相传马亚达瓦魔王自诩法力无边，因而向诸神发起挑战，却被天神英特拉打败。马亚达瓦为了挽回面子，于是在诸神住地变出了一处清澈的泉水，许多天神因为喝了泉水或在泉水中沐浴而中毒死亡。天神英特拉闻讯后，拔出佩剑插入大地，引出长生不老泉，破了马亚达瓦的法术，使中毒的天神复活。马亚达瓦害怕众神报复，幻化为石头躲了起来，天神英特拉发现了马亚达瓦幻化的石头后，用神力拉满弓，一箭射向石头，石头流出的献血汇入了贝塔努河，直到如今，当地人依旧深信，天神英特拉用箭引出的长生不老泉即圣泉，可以为人消灾；而贝塔努河被马亚达瓦魔王的血污染了，不能用以灌溉农作物，否则将会颗粒无收。

❖ 圣泉寺

圣泉寺是巴厘岛上六大著名庙宇之一，它依地下泉眼而建，据说附近居民每天早、中、晚都会来此沐浴、祈福。

据说，圣泉寺的圣泉水永远都是清澈的，每个龙口流出的水有不同的功效，有的可以消灾解祸，有的可以洗涤心灵，有的可以驱逐病痛……它吸引了来自世界各地的善男信女来此膜拜、沐浴，当地人更是每天早、中、晚三次来此沐浴。

圣泉寺周边与乌布镇其他地方一样，有许多工艺品街，街道都不长，往往是人流最集中的地方。穿梭于乌布镇或工艺品街，到处可以看到各种有个性的画作、木雕、手工艺品，无不向人们展现乌布镇乃至巴厘岛数百年的文化和艺术底蕴。

乌布镇还以美丽的稻田和山脉而闻名，游客可以在这里享受美丽的自然风光。

北荣町

《名侦探柯南》的故乡

北荣町是一个交通不太便利的小镇，是日本知名推理漫画家青山刚昌的出生地，随着他的漫画《名侦探柯南》出版，在海内外人气暴涨，吸引了无数“柯南迷”来此“朝圣”，因此这里也被称为“柯南小镇”。

北荣町位于日本鸟取县，面临日本海，是由6个村合并起来的町（乡镇），全镇只有一家大型超市，以及小小的商店街，不足1.5万名居民。

“柯南”是整个北荣町的灵魂，小镇大街小巷随处可见柯南的形象，路上的标志牌、浮雕、铜像、井盖，甚至有些房屋的砖块上都有柯南的雕刻和“柯南”侦探所、博士的车等《名侦探柯南》漫画中出现的场景和物品；在北荣町还有一条全长1400米的柯南大道、一座满是柯南形象雕塑的柯南大

日本漫画家青山刚昌创作的《名侦探柯南》在播出的20多年的时间里一直被大家喜爱，虽然如今的电视收视率大不如从前，但是在网络上的点击率却一路飙升。青山刚昌被誉为“良心派”的漫画家，他不但用天马行空的思维创造出了柯南，还让读者（观众）窥到了日本推理文学的一隅。

❖ 柯南

❖ 日本漫画家青山刚昌的漫画形象

❖ 青山刚昌博物馆

❖ 北荣町井盖上的动漫形象

❖ 北荣町中的动漫形象

❖ 柯南大桥

柯南大桥全长约 70 千米，1999 年 12 月 23 日正式通行，大部分大桥两端的入口都会有桥墩或者牛、狮子、老虎等吉祥物，而柯南大桥的两端是两尊小柯南雕像，大桥上的路灯、桥壁、桥面上都有柯南的形象。

桥、一座以“柯南之父”青山刚昌的动漫为主题的青山刚昌博物馆和一条专属的柯南列车观光线路。不仅如此，北荣町的居民卡、户口簿以及各种政府文件上都印有柯南的形象，连小学、图书馆、政府机关的门口都有柯南的形象雕塑。

北荣町是一个靠海却让人忽略大海的地方，小镇到处都能看到柯南的踪迹，随处都可以与“柯南”合影，如果还不尽兴，随便走入一家商店，就可以买到带有《名侦探柯南》漫画中形象的糖果、手机链、帽子、T 恤、扇子、玩具和其他各种道具，或者干脆买一套《名侦探柯南》漫画书，带回去慢慢看。

❖ 柯南大桥上的柯南浮雕

❖ 阿笠博士的黄色甲壳虫

青山刚昌博物馆（柯南纪念馆）门前停靠的是阿笠博士的黄色甲壳虫，此外，在纪念品商店、侦探社、博物馆内还能买到《名侦探柯南》漫画的相关产品，如服饰等。

❖ 小镇到处都是《名侦探柯南》的剧情人物雕塑

《名侦探柯南》漫画从 1994 年诞生至今，一直没有完结，主角柯南遭遇无数案件，均能巧妙化解各种危机，其年龄却始终停留在小学一年级，与黑暗组织相爱相杀，随着漫画故事内容的推进，北荣町总会第一时间在小镇的某个角落，增加与故事内容同步的内容，让“柯南”的粉丝们去寻找发现。

柯南列车每日运行 3 ~ 5 次，往返于鸟取车站至米子车站之间，柯南列车内外都画满了《名侦探柯南》的剧情人物、场景。

❖ 柯南列车

瓜镇

兰 卡 威 岛 最 热 闹 的 地 方

瓜镇地处兰卡威岛，却并不以海滩出名，而是靠商店、港口和巨鹰广场优美的湖泊、喷泉、小桥和回廊等吸引游客。

兰卡威群岛又名浮罗交怡，由104座小岛组成，不过在涨潮以后，只能看到99座。

瓜镇位于马六甲海峡，在槟榔屿的北方，位于兰卡威岛西南侧。兰卡威岛的四面被海水环绕，绕岛一周约80千米，岛内有很多山，它是兰卡威群岛中唯一一座有人居住的岛。

全岛最热闹的地方

“瓜镇”在马来语中意为“肉汁”，传说中两个巨人争抢一碗炖肉，不小心将碗中的肉汁洒落在兰卡威岛，因而形成了“瓜镇”。

瓜镇很小，就像一个小渔村，不过这里是兰卡威岛的商业和行政中心，也是兰卡威岛唯一像是城市的地方，镇中心有学校、医院和商店，还有一个免税店和购物中心。

❖ 瓜镇湖畔的巨鹰广场

❖ 兰卡威水屋

瓜镇与兰卡威岛其他地方相比，并没有特别优质的海滩，夜生活也不丰富，但它是兰卡威岛的主要港口，是各地游客登岛的必经之地，有全岛最大的购物中心、餐厅、酒店和手工艺品商店等，因此这里是全岛最热闹的地方。

瓜镇夜市很有名，可惜不是每天都有，不过在瓜镇乃至整个兰卡威岛到处可以看到用汉字书写的招牌、广告等，可见中国游客已经成为这里的主要游客。

❖ 瓜镇有很多这样的商场

整个瓜镇感觉就像我国农村国道边上的小镇，主路两边遍布各种店铺。

巨鹰广场

在兰卡威岛，鹰有着独特的意义，是岛上的吉祥物。兰卡威岛上有很多关于鹰的建筑，最有名的就是瓜镇港口的巨鹰广场。巨鹰广场上有一座高 45 米的鹰塔，形如一只展翅高飞的老鹰，建于 1996 年，耗资 1000 多万马元，象征着兰卡威岛蓬勃发展的未来。巨鹰广场是兰卡威岛上的最大建筑群，有优美的湖泊、喷泉、小桥、回廊等，游客在此享受广场美景的同时，还能享受海风的轻拂。

兰卡威之鹰

“兰卡威”一词在古马来语中有“强壮的鹰”的意思。马来西亚古文学中将兰卡威岛形容为毗湿奴的坐骑——神鸟揭路荼的休息地。相传，在兰卡威岛还没有出名前，一位王臣来到这里，见到一只巨鹰伫立于巨石上，迟迟不肯离去，王臣认为这只巨鹰便是揭路荼，在马来语里鹰是“HELANG”，而石头是“KAWI”，于是便有了兰卡威（LANG KAWI）这个名字。

❖ 兰卡威鹰

兰卡威岛的老鹰有两种，红色的是兰卡威鹰，灰白色的是海鹰。

❖ 瓜镇风景

兰卡威岛上的居民大多是马来人，瓜镇及其周边更是岛上居民最集中的地方，这里有不少人至今仍然居住在传统的高脚屋和铁皮平房里，以渔业及种植橡胶为生，过着平静的生活，正是这种纯净与淡然，才能让逃离都市的旅客爱上这里。

❖ 汪大渊

兰卡威岛有悠久的历史和传统文化，我国元朝民间航海家汪大渊在所著的《岛夷志略》中曾介绍它："当时龙牙菩提（兰卡威岛）没有稻田，只种薯芋，收成后堆存屋内，作为储粮。此外还种植果类和采集蚌、蛤、鱼、虾补充薯芋食用。产品包括速香、槟榔、椰子等。"明代的《郑和航海图》中也曾提及兰卡威岛。

普吉镇

普 吉 岛 更 具 魅 力 的 重 要 元 素

普吉岛被誉为“安达曼海的明珠”，几乎美到无可挑剔，岛上芭东镇宽阔金黄的沙滩、细腻的沙粒、碧翠色的海水和普吉镇上的中式建筑、西方殖民时期的建筑，以及各种历史文化古迹，更使它魅力四射。

普吉岛位于印度洋安达曼海东南部，离泰国首都曼谷 867 千米，被誉为“安达曼海的明珠”，是泰国主要的旅游胜地。普吉岛是泰国最大的海岛，整座岛有两个中心：一个是胜在古老建筑的普吉镇，一个是胜在繁华海滩的芭东镇。

据相关报道，那些矮小的游牧族人直到 19 世纪中叶还生活在普吉岛中心地带的茂密丛林里，但最终由于大批的开采者来普吉岛开采锡矿，他们才彻底迁移。

胜在古老建筑的普吉镇

根据普吉岛上的洞穴中发现的稻米样本研究推测，普吉岛的文明可以追溯到公元前 6800 年。

普吉镇又称普吉老街，位于普吉岛的东部，在普吉机场有出租车和小客车到普吉镇，车程 45 分钟左右。

普吉镇离海边有点远，不过各个海滩均有班车可到达，这里是一个省会城镇，聚集着政府办公楼，是普吉岛的历史文化中心。

九世泰皇登基纪念灯塔矗立于普吉岛的离岛——神仙半岛的最高点，这里的地势是凸出岛屿的，且三面环海，场景十分开阔。

❖ 九世泰皇登基纪念灯塔

普吉岛曾经的原住民，矮小的游牧族

普吉岛是泰国境内唯一受封为省级地位的岛屿，地处热带，属潮湿的热带气候，常夏无冬。这里有悠久的历史文化，早在公元前 1 世纪，普吉岛就有人居住，曾经被矮小但勇敢的海上游牧族所占据，他们没有任何文字和宗教信仰，被称为“Chao Nam”或“海上的吉卜赛人”。这些矮小的游牧族人能建造出小而坚硬的船只，常年在普吉岛沿海采集贝类或者干脆劫掠过往船只，被世人认为是极为原始和野蛮的一族。

约 16 世纪时，泰国古代阿瑜陀耶王国崛起，统治范围北达兰那泰王国，南至马来半岛的六坤，东面曾扩张到老挝的琅勃拉邦，西抵丹那沙林，普吉岛也被并入阿瑜陀耶王国。17 世纪末期（1767 年），阿瑜陀耶王国被缅甸灭亡。如今普吉岛属于泰国普吉府管辖。

❖ 古镇的葡萄牙风格建筑

普吉岛在500多年前是一个锡矿基地，吸引了大量的各国商人到此，而普吉镇早期是一个因锡矿而形成的村落。18世纪后，大批华人涌入这里挖锡矿，并在此定居，直到19世纪末才逐渐形成城镇，20世纪初，这里的锡矿开采达到巅峰时期。如今，普吉镇中还能发现历史悠久的中式骑楼，甚至还能看到烟雾缭绕的中国道观。后来，普吉岛的锡矿资源越来越少，开始没落，岛上居民转向橡胶行业，并借助海岛优势大力发展旅游业，如今他们从事的职业一大半都和旅游业相关。

探索普吉镇的最好方式就是在老城区中央漫步，这里每个转角一砖一瓦的裂纹都满载着历史。整个古镇除了中式建筑之外，还有大量的西方殖民时期的建筑和多元化的老建筑、老爷车、老式巴士，向游客展示着历史情调……

普吉岛的原意是“山丘”，诚如其名，普吉岛面积的70%为山丘地势。它是一座由北向南延伸的狭长岛屿，面积与新加坡相近，岛上主要的地形是绵亘的山丘，到处都是绿树成荫，最高的山海拔529米，平地主要位于中部和南部。

普吉镇上有开往岛上各个海滩的巴士，一种是蓝色的，一种是绿色（空调）的。这些开往各个海滩的巴士的车身用英文写着目的地地名，没有固定车站，可以在沿途经过的地方招手示意，随叫随停，很方便。

普吉机场在普吉岛的北边，坐出租车前往，车费为600泰铢左右。坐小客车的票价为150泰铢/人。

❖ 普吉镇的街头涂鸦

整个小镇很安静，几乎在所有能看到的完整墙壁上都会有创意十足的绘画，这里甚至可以叫作“壁画小镇”。

❖ 普吉大佛

普吉大佛位于普吉岛西南部的山冈顶，向东面向攀牙湾，背向安达曼海，高 45 米，底部莲座直径 25 米。山顶可以俯瞰整个普吉岛。

❖ 查龙寺

普吉镇的寺庙很多，有传统的、中式的（偏岭南风格）、印度式的，还有一些清真寺和教堂。查龙寺是免门票的，它是普吉岛最大的寺庙，供奉着 108 尊金佛。

胜在繁华海滩的芭东镇

普吉岛拥有众多海滩，且大部分美丽的海滩位于岛的西侧，如海岸线弯而细长，水清沙细，浪头较高，是理想冲浪点的卡伦海滩；海水清澈，北部还有珊瑚礁相伴，是非常理想的潜点的卡塔海滩；而芭东镇的芭东海滩，在普吉岛所有海滩中具有压倒性优势。

❖ 芭东海滩

芭东海滩上各种水上活动一应俱全，有水上拖伞、橡皮艇、帆船、冲浪、摩托艇等，美中不足的是芭东海滩的游客很多，较为吵闹，不如其他海滩的水质好。

❖ 呈“W”形的卡塔海滩

卡塔海滩位于芭东海滩和卡伦海滩的南面，拥有两个美丽的海湾，外形上呈“W”形，被当地人昵称为“大卡塔”和“小卡塔”。

芭东镇沿着普吉岛的海岸线而建，是一个因海滩而闻名的小镇，距离普吉镇 15 千米。芭东海滩全长 3 千米，沙滩平缓、海浪柔和，不仅有完美的海滩美景，而且有丰富的娱乐、度假项目和热闹的夜市，是普吉岛开发最早、发展最成熟的海滩小镇。

各具特色的普吉岛离岛

除了本岛的古镇和海滩之外，普吉岛还下辖 39 座离岛，每一座岛屿都有精致绝美的景色。

卡伦海滩有一处观景台，可以从山上俯瞰下面的芭东、卡伦、卡塔 3 大海滩。

❖ 卡伦海滩观景台

❖ 芭东佛寺

珊瑚岛：因丰富的珊瑚群生态而得名，位于普吉岛最南边9千米处，在小岛的周围环绕着各种色彩缤纷的珊瑚礁，这里是泰国国家一级珊瑚保护区，优质的珊瑚可以和马尔代夫的媲美，是各种水上运动的最佳选择地点。

皇帝岛：曾经是泰国王室的专属度假岛屿，能带给游客"世外桃源"般的体验。

皮皮岛：由大皮皮岛和小皮皮岛组成，这一片美丽海域是怒江的入海口。在大皮皮岛和小皮皮岛之间有两个非常漂亮的海湾：罗达拉木湾和通赛湾。两个海湾之间往返只要步行10分钟，景色相当悠闲写意。

❖ 珊瑚岛美景

在珊瑚岛能看到蓝色海星和不知名的海洋生物。浮潜点有10~20米深。

❖ 皇帝岛美景

❖ 皮皮岛美景

相较于泰国其他区域，皮皮岛的消费比较高。

兰塔镇

由 小 岛 点 缀 的 美 景

这是一个“养在深闺人未识”的岛镇，如果你想体验泰国岛屿风情，又不想那么喧嚣，那么兰塔镇绝对不容错过。

❖ 兰塔镇的海边风景

兰塔镇位于安达曼海西海岸，是普吉岛和甲米岛南面的一个岛镇，由 52 座岛屿组成，其中包括两座最大的岛屿：小兰塔岛和大兰塔岛，周围环绕着珊瑚礁。大兰塔岛是大部分美丽的海滩以及旅游景点的所在地。

南北高度差 500 米

大兰塔岛地形奇特，向南北方向延伸 27 千米，横穿岛屿的是原始热带雨林的山脉，山脉的北部和南部的高度差有 500 米，有多条徒步路线。除此之外，大兰塔岛以其长长的海滩、安静的要塞以及水上和水下的自然美景而闻名，它是海滩爱好者和水肺爱好者的天堂。

❖ 兰塔岛海滩

兰塔岛海滩的细沙下全是坚硬的岩石。

❖ 兰塔潜水天堂

离兰塔主岛不远的离岛HAA岛是兰塔最佳的潜点之一。

由北向南，从繁华到寂静

大兰塔岛由北向南，给人一种从繁华到寂静的感觉。北部的兰塔镇比较繁华，也是岛上最热闹的地方，有一条商业步行街和一个有着很长一段栈桥的码头。传闻老镇很早之前

兰塔岛上的游客很少，几乎都是欧美人，物价低，很安静，非常适合度假。

兰塔岛上有很多猴子，不管是在山林中还是海滩上，都能见到它们的身影，而且这些猴子很聪明、顽皮，会抢夺行人的东西，其顽皮程度完全碾压国内的旅游景点的拦路猕猴。

穆兰塔国家公园内最吸引人的当属那一片顶级沙滩，沙滩边有一座废弃的灯塔，是很有名的网红打卡点。

❖ 穆兰塔国家公园内的灯塔

翡翠洞位于兰塔岛海域的一座海中小岛上，在海面处有一个溶洞。

❖ 翡翠洞

❖兰塔岛最美的沙滩

在灯塔下面有两个海滩，沙滩很细、很软，这里应该是兰塔岛最美的沙滩了。

住的是福建华侨，所以老镇街道的建筑多多少少带有中国古风的味道，看起来和我国的小农村有几分相像。

大兰塔岛越往南走越僻静。兰塔岛南部是著名的穆兰塔国家公园，该公园内有山和海滩，自然环境得天独厚。这里生活着各种野生小动物，行走在公园内，随时都能看到科摩多巨蜥和顽皮的猴子。

❖科摩多巨蜥

科摩多巨蜥又名科莫多龙，是与恐龙同时代的史前怪兽，也是已知现今存在种类中最大的蜥蜴。它们已濒临灭绝，野外仅存3000只左右。

五渔村

宛如上帝打翻了调色盘

5个建立在悬崖边的小村，房屋鳞次栉比，错落有致，背山面海；在山岩与大海间，村庄的外墙被涂上红、黄、蓝、绿、橙、粉等颜色，宛如上帝打翻了调色盘，将所有的色彩都倾倒在这里，绘成了一幅幅令人惊艳的油画。

五渔村被誉为“世界十大最美小镇”之一，位于意大利比萨以北大约120千米处，1997年被联合国教科文组织列入世界文化遗产名录，1999年成为意大利的国家公园，曾被美国《国家地理》杂志盛誉为“世外桃源”。

20世纪70年代末，一位美国背包客无意间闯入了这片世外桃源，五渔村展现的一切都令他惊艳不已。回国后，他将拍摄的照片投递给美国《国家地理》杂志，五渔村就此扬名于世，成为全世界旅游者心中的圣殿。

五渔村

五渔村是意大利利古里亚大区拉斯佩齐亚省沿海地区5个依山傍海、俯瞰着地中海北岸的小村。5个小村由北向南分别是蒙特罗索、韦尔纳扎、科尔尼利亚、马纳罗拉、里奥马焦雷，小村之间有步道和火车站连接在一起。陡峭的山崖、

❖ 奥罗拉塔

16世纪时，为了抵抗海上的侵略者，蒙特罗索人建起了13座高塔，如今所剩无几。奥罗拉塔就是其中一座，它高高耸立在分割村庄的山岬上，被当地人称为“海峰上的塔”。

❖ 五渔村火车

这是穿梭于各个小村之间的五渔村火车。在五渔村，最便利的交通是铁路——火车每小时一班，每个村庄之间只有十多分钟的车程，一不留神，打个盹儿就可能错过。

❖ 蒙特罗索巨人雕塑

蒙特罗索巨人雕塑也被称为海神雕塑，位于蒙特罗索海岸的一角，是一个很容易被忽略的景点，但却是一座很惊人的建筑，也是蒙特罗索村的标志。该雕塑建于1910年，第二次世界大战期间遭到轰炸，受到了重创，如今能看到的只是一个断臂巨人的形象。

五渔村最早的历史记载可以追溯到公元8世纪里奥马焦雷的出现。公元11世纪，在热那亚共和国统治时期，蒙特罗索和维尔纳扎两个村落出现，其他两个村子出现的时间稍晚一点。16世纪，奥斯曼帝国开始在地中海沿岸扩张，村民们为抵御奥斯曼人的进攻，加固、兴建了防御堡垒。从1600年起，五渔村逐渐走向衰退，直到拉斯佩齐亚兵工厂的修建，热那亚与拉斯佩齐亚之间兴建了铁路，才扭转了颓势。铁路使五渔村不再与世隔绝，使村内的人能更便利地去往大城市，也让外地游客更容易地来到这个魅力无穷的地方，为这几个曾贫困的小渔村带来繁荣与财富。

满山的葡萄园、彩色的房子和清澈的海水是五渔村最大的特色。

蒙特罗索——五渔村中唯一有真正沙滩的村

从拉斯佩齐亚坐火车，沿着海岸，不到半小时就能到达蒙特罗索火车站，这里的火车站不大，和中国的火

❖ 隧道一边是菲基纳海滩，一边是蒙特罗索

❖ 菲基纳海滩

蒙特罗索的建筑与其他村庄的一样，有五彩斑斓的色彩，长长的菲基纳海滩更让这个小渔村看起来富有生命力。

车站相比，简直能用简陋来形容。火车站一半在山洞里，一半在山洞外，与大自然巧妙地结合在一起。出了火车站后，一边是利古里亚海，另一边穿过小隧道（山洞）就是蒙特罗索。

蒙特罗索是五渔村中最古老的村庄之一，也是唯一一个拥有真正沙滩的村，在火车站下面有两个被陡峭悬崖环抱的大海湾，海湾里的菲基纳海滩沙质比较粗糙，沙滩也偏窄，但是海水明净，波澜不惊，岸边各种设施齐备，是一个令人称道的优良海水浴场。

❖ 圣玛格丽特大教堂

圣玛格丽特大教堂很小，位于海边的一座广场之上，它拥有一座40米高的八角形米黄色钟楼，从蘑菇形外表看，应该属于早期拜占庭风格的建筑。它是韦尔纳扎的标志性建筑。据说教堂从11世纪即开始建造，13世纪重建，之后一直在进行修缮。

韦尔纳扎——五渔村中唯一没有海滩的渔村

从蒙特罗索乘火车前行十多分钟，就是五渔村的第二站——韦尔纳扎。它坐落于利古里亚海岸一个向外伸出的岬角上，是五渔村中最精致、最险要的一个小村，这里的海滩是礁石滩，上面到处都是鱼、虾、螃蟹、海胆和海星。

❖ 由重重叠叠彩色房屋环抱的港湾

这个美轮美奂的港湾曾于1080年作为舰队基地，在抗击海盗的战斗中发挥了重要作用。1209年，在热那亚征服利古里亚的战争中，这个港湾曾提供港口支持、保障后勤供给、输送兵员战力，在战争中起到了至关重要的作用。

❖ 多利亚城堡

多利亚城堡建于11世纪，位于防波堤一侧突兀而起的临海岩石上，起初它作为瞭望哨监视海上的情况，保护村民免受海盗的袭击，如今成为韦尔纳扎的标志性景点之一。

韦尔纳扎的主街——罗马街与火车站仅有几步之遥，石板路街道两旁是重重叠叠的彩色小房子，这些房子大部分都是一些专门为游客服务的商店，如酒吧、冰激凌店、工艺品小店、纪念品商店和古董店等。它们都是用石头垒成的，一直蜿蜒到大海中，并将大海环抱成一个港湾，与港湾中的圣玛格丽特大教堂和崖边的多利亚城堡一起，构成一幅错落有致的中世纪小镇风景画。

科尔尼利亚——唯一可纵览5个村庄的地方

从韦尔纳扎乘火车经过高低起伏的山峦，就可到达科尔尼利亚火车站。科尔尼利亚被漫山遍野的葡萄园环绕着，海面在一面悬崖峭壁下忽隐忽现。从火车站出来，可选择免费

❖ 悬崖边的科尔尼利亚

这是五渔村中唯一一个靠近大海却无法直接进入大海的村庄。

的大巴或者徒步 382 级石阶去往小村。与五渔村中其他几个村庄不同，科尔尼利亚位于 100 米高的山崖上，村里没有泊船的港湾，更没有沙滩，是五渔村中唯一靠海却无法直接入海的小渔村。

科尔尼利亚与五渔村中其他几个村庄几乎一样，都有窄窄的小巷，在小巷中行走颇有“一线天”的感觉。村中的房子和小巷之间的落差很大，从一个小巷到另一个小巷常常有很多台阶。

❖ 圣玛利亚观景楼

❖ 科尔尼利亚窄窄的小巷

❖ 经典的马纳罗拉全景照

彩色的建筑在意大利充足的阳光下更显明媚，一边是陡峭深邃的崖壁，一边是晶莹剔透的海水，衬托出神秘村落的宁静与美好。如诗如画的景色使马纳罗拉成为游客和广大摄影爱好者的最爱。

科尔尼利亚很小，但是地势却很高，从小村主街菲耶斯基穿过，两边是特色小店和旅店，街道的尽头是圣玛利亚观景楼，在这里的观景台上可以俯瞰大海，绝美的海景一览无余；也可以眺望远处的多彩村庄，这里是五渔村中唯一可以纵览 5 个村庄的地方。

科尔尼利亚很小，而且无法直接到达海边，所以相比五渔村的其他几个村庄，这里也更安静，在这里可以不被打扰地欣赏狭窄的巷道和色彩鲜艳的小楼房。

马纳罗拉——五渔村中葡萄藤最多的一个村

从科尔尼利亚乘坐火车，翻越几个山坡，再穿越几个隧道，即可到达五渔村中最小的一个村庄——马纳罗拉。

与科尔尼利亚相似，马纳罗拉也是一个建在陡峭悬崖上的小村，五彩缤纷的撞色小屋错落有致地位于青山与大海之间，形成了一道亮丽的风景线。这里没有出名的大教堂、城堡，也没有海滩浴场，但却是五渔村中最出名的一个村。因为这里的全景照，常常会被作为五渔村的代表风景刊登在媒体和网络上，使许多人因为这张照片而爱上五渔村。

在马纳罗拉还可以在葡萄园和梯田散步，观察悬崖边上颜色各异的楼房。这里还曾有古罗马人成功酿造葡萄酒的记载。

里奥马焦雷——五渔村中最大的一个村

里奥马焦雷是五渔村最南端的一个村，也是 5 个村子中面积最大的一个。据记载，小村源于公元 8 世纪，当时一些希腊逃犯为了逃避拜占庭帝国皇帝的追杀，在此避难，从而形成了一个村落。

从马纳罗拉可直接沿步道徒步到达里奥马焦雷，它是连通五渔村的步道中最短、最舒适、最容易的一段，只有 1 千米长，大约 20 分钟就可走完全程。步道沿海一侧的栏杆上挂满了同心锁，因此这条步道也被称作“爱之路”。步道的一侧是山崖，另一侧是村内的情人海滩。这个海滩很小，但是很私密，是情人约会休憩的好地方。情人海滩的一端是码头，沿岸五彩斑斓的建筑依山傍水且位于悬崖之上，成为蓝色海洋之上的五彩村庄，强烈的色彩对比，能让人心情瞬间愉悦起来。

❖ 里奥马焦雷美景

“爱之路”约 1 千米长，修建在崖壁沿海一面，是五渔村的步道中最短、最舒适、最容易的一段，只需 20 分钟就能走完全程。

❖ “爱之路”

❖ 情人海滩

在五渔村，单单欣赏五颜六色的房屋就是一场视觉盛宴，而漫山遍野种植的葡萄、柠檬和橄榄的蓝色、绿色，缓缓地沿着海岸线融入地中海的蔚蓝海洋之中，使五渔村更加绚丽多彩。无论在哪个村子，找一座悬崖，躺着或者坐着，享受阳光洒在每一寸肌肤上，悠闲地看书、聊天、晒日光浴，都可以体会到慵懒的意式情调。

❖ 里奥马焦雷的码头

阿马尔菲

永 远 想 象 不 到 它 有 多 特 别

在魅力四射的阿马尔菲海岸线上散落着十多个小镇，每个小镇的建筑几乎都倚山面海，层层叠叠，直达山巅；每个小镇都远离都市，到处是壮观的悬崖、美丽的海景，宛若人间仙境，而阿马尔菲就是其中最有名的，这里不仅有美景，还是一个有故事的小镇。

阿马尔菲位于萨莱诺湾湾畔，距离那不勒斯东南约 38 千米，是意大利坎帕尼亚大区的一个镇，也是坎帕尼亚大主教教区所在地。

阿马尔菲是整个阿马尔菲海岸线正中央的交通枢纽，与所有意大利或其他欧洲国家的小城一样，它有漂亮宏伟的教堂、小巧精致的广场，镇中遍布各种餐厅、手工艺品和特产商店。

1073 年，来自西西里岛的诺曼人占领了阿马尔菲；1135 年，阿马尔菲又被比萨共和国吞并，但其强大的影响力依然持续。1343 年的一次大地震引发了海啸，阿马尔菲古城的大部分建筑和居民都被卷入海底，强大的阿马尔菲共和国再无昔日辉煌，只有其制定的《航海法典》一直使用到 1570 年。

有历史的小镇

阿马尔菲建在一个深谷的谷口，被壮观的悬崖及海岸包围，不要小瞧这个镇，它可是一个有故事的历史名镇，其最

❖ 阿马尔菲

早的历史可追溯到公元4世纪，公元8—17世纪，这里曾是阿马尔菲共和国的首都。当时，意大利半岛上并存着热那亚、威尼斯、比萨和阿马尔菲4个航海共和国，而阿马尔菲共和国是4个航海共和国中历史最早的国家。

在阿马尔菲共和国鼎盛时期，其向地中海彼岸大量贩卖葡萄酒、柠檬、木材、武器以及从巴尔干半岛贩来的白人奴

❖ 阿马尔菲入口

❖ 阿马尔菲柠檬酒

阿马尔菲盛产柠檬和柠檬制品，在众多地区的柠檬酒中，这个地区出品的被奉为经典。这里还有古老的造纸厂，被誉为阿马尔菲海岸的文化和历史传承标志之一。

❖ 阿马尔菲的海滩

❖ 阿马尔菲的海岸公路

阿马尔菲海岸全长约37千米，位于意大利南部的苏伦托半岛，西起波西塔诺小镇，东至维耶特利苏玛雷，它被联合国教科文组织视为“绝美而典型的地中海风光”，在1997年便已列入世界文化遗产，还被美国《国家地理》杂志评选为“人生必去的50个景点”之一。

公元1000年，阿马尔菲共和国在阿马尔菲公爵曼苏一世（966—1004年）统治时，实力达到了顶峰。

隶，又将布料、地毯、纸张、咖啡、香料等贵重商品贩运回意大利，进而销往整个欧洲地区。阿马尔菲共和国因此很快富足了起来。

阿马尔菲共和国拥有500多年的独立自治权，时过境迁，如今阿马尔菲只是意大利坎帕尼亚大区的一个小镇，不过在阿马尔菲海岸沿线还能见到当时富有的贵族、商人留下的豪宅和别墅。

1262年，阿马尔菲诞生了世界上第一部拥有62章、长达数万言的《航海法典》，如今原版法典存于佛罗伦萨博物馆。在阿马尔菲镇博物馆有两卷分别用意大利文和拉丁文书写的古版复制本。

阿马尔菲主教座堂旁边有一座天堂修道院，它是阿马尔菲历史上上层尊贵市民的墓穴。

❖ 阿马尔菲入口标志

❖ 阿马尔菲主教座堂

阿马尔菲主教座堂即圣安德烈亚大教堂，始建于公元9世纪中叶—10世纪初，后来经过两次重建。它融合了多种建筑风格。双色调的石造建筑大部分是西西里岛的阿拉伯—诺曼风格，内饰则采用了巴洛克风格。中庭庭院深深，四周是典型伊斯兰双叶装饰风格的回廊，寂静的环形回廊里有很多壁画和石棺，埋着阿马尔菲共和国昔日的王公贵族。

圣安德烈亚大教堂

阿马尔菲被壮观的悬崖及辽阔的大海包围，多彩的海岸建筑依山而建，形成阿马尔菲最独特的风景。

阿马尔菲是盛产柠檬的地方，因此，小镇的上空弥漫着清新的柠檬味。进入小镇，道路两旁的老房子开着各种商店，商店里随处可见大大小小、形态各异的新鲜柠檬以及柠檬制品，如柠檬酒、柠檬香皂、柠檬香水……穿过街道是一

❖阿马尔菲共和国

公元850年，阿马尔菲共和国成为意大利第一个航海共和国。它的版图向西一直延伸到蓬塔坎帕内拉（正对着卡普里），向东一直延伸到切塔拉。由于阿马尔菲共和国政治上的自治，紧靠着伊特鲁里亚海的地理优势，以及农业上的富庶，其发展的速度十分惊人，从9世纪开始，这里就变成了海上商业活动的重要中心。

❖《信条》剧照

《信条》是美国华纳兄弟影片公司出品的动作惊悚片，由克里斯托弗·诺兰执导。
该片讲述了一名特工在经过组织严密训练之后，被派去执行一项重要的任务，最终在搭档的帮助下，顺利完成任务并拯救了世界。

个小广场，广场上最醒目的就是阿马尔菲主教座堂——圣安德烈亚大教堂，它是当地的地标建筑，融合了阿拉伯、诺曼、哥特式、文艺复兴、巴洛克等多种风格，正立面前共有62级台阶，宛如通往天堂的道路。其形象曾经出现在好莱坞大片《信条》中，是当地最有名的打卡地。

圣安德烈亚大教堂背后隐藏着许多错综复杂、通往小镇山崖与海滩的小巷，大部分小巷都是由石头台阶铺成，游历在小巷之中，很容易就能让人感受到小镇独特的历史韵味和怡然自得的纯朴魅力。

波西塔诺

神　选　之　地

20世纪50年代，诺贝尔文学奖得主作家约翰·斯坦贝克在游记《波西塔诺深深噬咬》中写道："它是一个梦乡，你在时，它不很真切；当你离开后，它变得栩栩如生。"

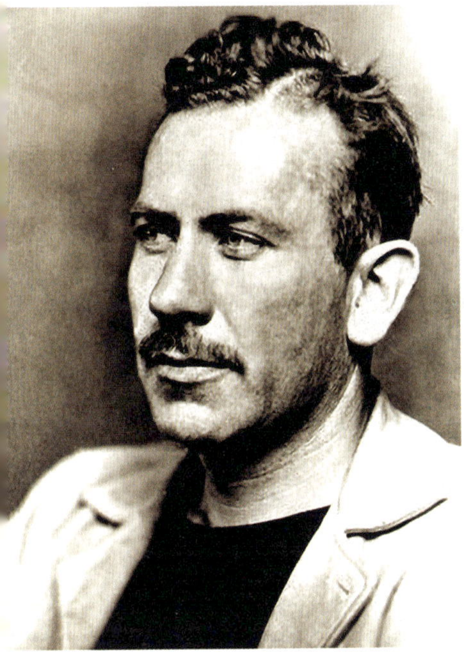

❖约翰·斯坦贝克

约翰·斯坦贝克（1902—1968年），20世纪美国作家。代表作品有《人鼠之间》《愤怒的葡萄》《月亮下去了》《伊甸之东》《烦恼的冬天》等。1962年凭借《人鼠之间》获得诺贝尔文学奖。

波西塔诺位于意大利坎帕尼亚大区的阿马尔菲海岸，城镇面朝地中海，五颜六色的房屋层层叠叠、错落有致地坐落在郁郁葱葱的山间悬崖之中，被誉为"地中海最美小镇"，也被美国《国家地理》杂志评为"人生必去的50个景点"之一。

意大利最美丽的风景

意大利的阿马尔菲海岸被誉为"欧洲最美丽的海岸"，其海岸线蜿蜒曲折，散落着许多如诗如画的小镇，而其中最漂亮的要数波西塔诺。

波西塔诺位于阿马尔菲海岸最西端，是上镜次数最多、消费最贵、最"网红"的小镇，网上有很多介绍阿马尔菲海岸的照片都拍摄于此。

波西塔诺是一个梦幻般的小镇，没有喧嚣，没有车水马龙，更看不见灯红酒绿，这里的人和事都是缓慢而精致的。它的美丽能抓住每一个过客的心，在他们心中留下深深的烙印。约翰·斯坦贝克在《波西塔诺深深噬咬》中的溢美之词，将波西塔诺推向了世人的眼中，许多社会名流慕名而来，在此流连忘返，并在起伏的山林之间盖起一幢幢或大气庄严、或秀美雅致的豪宅和别墅，这个曾经的古老渔村开始改变了，波西塔诺成了社会名流的后花园，与阿马尔菲一样堪称意大利最美丽的风景。

❖ 波西塔诺如画的小镇

总能期遇如仙境般的美景

社会名流的别墅和豪宅总是那么神秘，不是普通人能轻易拥有的美景，不过当地人的房屋——小镇最具特色的风景，是小镇美景的重要组成部分，这些房屋从山腰起层层叠叠，仿佛五颜六色的瀑布，倾泻在地中海的怀抱之中。房屋之间的街道曲径通幽，而且只能徒步，因为几乎所有的街道，都是由一级级的石头台阶组成，蜿蜒曲折。小镇的小路被戏称为"神仙路"，随着小路徒步在五颜六色的房屋、花丛、绿色植被之中，在不经意处总能邂逅如仙境般的美景。

❖ 弗拉维奥·吉奥亚

指南针是中国发明的，这是不争的事实，然而，波西塔诺镇、阿马尔菲海岸乃至整个意大利的人都认为指南针是他们发明的，在阿马尔菲海岸区几乎所有导游手册上都印有一句话："这里是指南针发明者弗拉维奥·吉奥亚的故乡。"在波西塔诺镇广场一座17世纪竖立的纪念碑上刻着："在您身后第六个世纪，我们以激情、感激与希望纪念您——弗拉维奥·吉奥亚，阿马尔菲的古老源泉，意大利的不朽荣耀。"

❖ 波西塔诺的石阶街道

❖ 圣母教堂

神选之地

波西塔诺最醒目的建筑就是圣母教堂，它也叫圣母升天教堂，沿着小镇石阶一直往下走便可以到达。整座教堂并不大，其金黄色的穹顶在阳光的照射下显得格外耀眼。

圣母教堂中有一座圣母雕像，是当地有名的景点。传说这座雕像是海盗从拜占庭帝国偷来的。海盗们在经过阿马尔菲海域时，突然，天空乌云密布，惊涛骇浪，海盗船随时都可能被巨浪吞噬，海盗们很紧张。这时从船舱内传出了叫喊

❖ 祖母绿洞

在波西塔诺海滩不远处有一个小型的蓝洞，洞中海水呈翡翠般的碧绿颜色，需要搭乘小船进入洞窟。

声“放我下去，放我下去”，海盗们循着声音寻找，发现原来是财宝堆中一尊铁制的圣母雕像发出的声音。为了免遭天谴，海盗们将圣母雕像放在了海岸上，这个神选之地就是波西塔诺，而波西塔诺这个名字也是由圣母雕像所言的“放我下去”演变而来。

受诺贝尔文学奖得主约翰·斯坦贝克游记《波西塔诺深深噬咬》的影响，田纳西·威廉姆斯、毕加索、伊丽莎白·泰勒、索菲亚·罗兰、那不勒斯亲王等众多名流曾光顾波西塔诺，在小镇拥有私家别墅和豪宅。

波西塔诺海滩

沿着小镇的石阶通过圣母教堂门前的平台，在数十米之外的地方就是波西塔诺海滩。这片海滩位于海湾的凹处，被周边悬崖上的五彩房屋所包围，海滩上排列着彩色遮阳伞和沙滩椅；海滩边游艇遍布，海水清澈见底，点点白帆散落在海面上。波西塔诺海滩不是沙滩，而是焦黑的碎石滩，为蓝天碧海加上了一抹厚重的色彩，是明信片和画家的油画上最常出现的景色。

波西塔诺几乎每户人家门前的墙上都镶嵌着一块彩色的瓷砖，刻着他们自家的门牌号或者旅馆、民宿的名字。

❖ 波西塔诺海滩上排列着的彩色遮阳伞

拉韦洛

离蓝天比离大海还要近的地方

法国作家安德烈·纪德曾这样评价拉韦洛："这是一个离蓝天比离大海还要近的地方。"美国作家戈尔·维达尔则称其为"世界上最美丽的风景"。

拉韦洛大约有 2500 名居民，是一个热门的旅游胜地。

拉韦洛曾经是阿马尔菲共和国的一个重要城镇，839—1200 年是一个重要的贸易中心。1086—1603 年，拉韦洛曾经是主教驻地。

拉韦洛不仅是阿马尔菲海岸上的一颗明珠和意大利的一个热门旅游胜地，还曾是不少艺术家、音乐家和作家的旅行目的地。

富人的乐土

拉韦洛始建于公元 6 世纪，不过其真正繁荣起来还是在公元 1000 年左右，当时阿马尔菲共和国的一些反对派贵族，因拉韦洛易守难攻的战略地位和令人惊叹的美丽风景而选择在此定居，躲避政治迫害。

沿海而立的蘑菇形建筑是拉韦洛的网红打卡点之一。

❖ 拉韦洛美景

❖ 拉韦洛大教堂

著名的拉韦洛大教堂位于拉韦洛镇中心。其始建于1086年，后来曾多次改造。

拉韦洛位于阿马尔菲镇北面的青山翠谷中，地处350米高的偏僻山顶，距离波西塔诺很近。沿着波西塔诺海岸有一条盘山公路，驾车绕着悬崖缓缓上行，在山林云海之间穿行，不到半小时就能到达山顶处的拉韦洛。拉韦洛宛如一座宁静安详的花园，拥有华丽的建筑，夜色下的华灯渲染着它的妩媚，创造出难得一见的美景。它的名字被人文主义作家、诗人薄伽丘描绘成富人的乐土，并写进其代表作《十日谈》中，为世人所铭记。

1353年，《十日谈》出版后，立即被译成西欧各国文字，它对16、17世纪西欧现实主义文学产生过很大的影响，开创了欧洲近代短篇小说的先河。此后，一直到16世纪，意大利短篇小说风行一时，短篇小说家都继承了薄伽丘的创作传统，写出当时资产阶级所喜爱的接近现实而又复杂曲折的新故事。

鲁福洛别墅

拉韦洛的一切都能让人感受到意大利深厚的文化积淀，身处地中海美丽的风景中，呼吸的空气中夹杂着鲜花的香味，不远处传来动听的小提琴声……

每年7月，鲁福洛别墅都会举办瓦格纳音乐节。该别墅在悬崖边有个海景平台，穿过平台就能看到拉韦洛的标志性景点，即传说中的拉韦洛之窗。

❖ 拉韦洛小巷

拉韦洛与波西塔诺一样，镇内有很多小巷，由石阶延伸到各处。

❖ 鲁福洛别墅一隅

从拉韦洛大教堂广场穿过去就到了鲁福洛别墅。

1880年，著名音乐家理查德·瓦格纳对外宣称，他曾慕名到达拉韦洛，从鲁福洛别墅获得了许多创作灵感，谱写出了之前久久无法完成的歌剧《帕西法尔》中的魔法师克林索尔的花园部分。从1953年开始，为了纪念瓦格纳，这里每年都会举办瓦格纳音乐节，以纪念理查德·瓦格纳。拉韦洛也因此被誉为“音乐之城”。

鲁福洛别墅即是《十日谈》中故事主人公兰多尔福·鲁福洛的别墅，坐落在拉韦洛镇中心的大教堂广场前。它建于13世纪，居高临下，山下就是阿马尔菲海岸线上的波西塔诺，别墅由花园、塔楼、大厅、后院等组成，还有许多艳丽的花朵，充满了异国风情和艺术气息。这里曾经的座上宾都是王公贵族，许多诗人和作家都曾提及它的美丽。

《帕西法尔》是瓦格纳的最后一部歌剧。1882年7月，《帕西法尔》在拜罗伊特首演。1883年2月30日，瓦格纳因突发心脏病去世。

辛波乃别墅主要由英国园艺家维塔·萨克维尔·韦斯特所设计，20世纪初由英国政治家欧内斯特·贝克特男爵改建。

鲁福洛别墅曾在19世纪时进行过一次大规模改建。

❖ 鲁福洛别墅装饰

❖ 鲁福洛别墅

❖ 辛波乃别墅，《神奇女侠》的取景地

辛波乃别墅

辛波乃别墅位于拉韦洛沿地中海的峭壁之上，可俯瞰阿马尔菲海岸的美景，它有精致的花园建筑结构，位于拥有一片花海的花园之中，整个花园面积超过 7 公顷，到处都可以看见艺术雕像与花卉的完美结合，令人陶醉，被称为“意大利十大最美别墅”之一。

辛波乃别墅的历史可以追溯到公元 11 世纪，自 12 世纪起就成了当时贵族们的居住地，颇受各时代艺术家们的青睐。早期的建筑和花园的样子，已在 20 世纪英国政治家贝克特男爵的改建后变得更具规模。

辛波乃别墅现在作为酒店经营，但它能够观海的浪漫花园却免费向各地游客开放。

❖ 辛波乃别墅一隅

❖ 辛波乃别墅内的雕塑

春天万物复苏之际，整个花园会开出最让人难以想象的美丽花朵，将整个辛波乃别墅簇拥起来。它与维提米齐利亚的汉壁礼花园、伊斯基亚岛的拉莫塔里花园合称为19世纪末和20世纪初浪漫盎格鲁－撒克逊文化中最经典的代表作之一。

辛波乃别墅是电影《神奇女侠》的取景地之一，在这里可以感受影片中的崎岖山脉、触手可及的白云、近在眼前的大海，这些出现在电影中的场景让人陶醉！

拉韦洛早期的贵族以及豪门望族，包括鲁福洛家族在内基本都已经衰败，加上它地处偏僻，很多建筑被保留了下来，成了小镇的风景。相比于阿马尔菲海岸上的其他几个小镇，拉韦洛颇受各个时代艺术家们的青睐，不仅吸引了薄伽丘、瓦格纳，还吸引了弗吉尼亚·伍尔夫、戈尔·维达尔等文化名人在这里留下了足迹。

❖ 戈尔·维达尔

戈尔·维达尔（1925—2012年），美国作家，出身于纽约州西点显赫的政治家庭，涉笔小说、剧本、政论等多种题材，不拘一格，以讽刺幽默见长。拉韦洛曾被戈尔·维达尔当作故乡。

陶尔米纳

仅需要1秒，就能爱上这里

“如果有人只能在西西里待一天，他问道：我该去参观哪里？我会毫不犹豫地回答他，陶尔米纳。这个小村庄只是一个小小的景观，但其中的一切都能够让你的视觉、精神和想象尽情沉溺，享受其中。”法国作家莫泊桑的这段话足以证明陶尔米纳的不凡。

陶尔米纳坐落在意大利西西里岛陶尔山的半山腰间，是一个依山面海的中世纪古镇，一边是喷云吐雾的埃特纳活火山，一边是美得令人心醉的爱奥尼亚海，可谓“一半是海水，一半是火焰”。

❖ 莫泊桑

莫泊桑（1850—1893年），19世纪后半叶法国优秀的批判现实主义作家，被誉为“世界短篇小说之王”。代表作品有《项链》《漂亮朋友》《羊脂球》《我的叔叔于勒》等。他曾于1885年4—6月游览意大利的西西里岛，到达陶尔米纳后，被小镇的美景迷住了。

传奇小镇

公元前400年，陶尔米纳曾是希腊的殖民地，公元前212年又归罗马共和国管辖，几千年来几经易主，历经了磨难，同时也创造了多种文化元素，如巴洛克式、哥特式、拜占庭式、阿拉伯等文化元素融合在小镇的各个角落。小镇只有一条主街——翁贝托大道，街道并不宽阔，在它的两侧是

❖ 墨西拿门

墨西拿门是陶尔米纳最具代表的翁贝托大道的入口。

❖ 埃特纳火山

埃特纳火山位于意大利西西里岛东岸，海拔 3323 米，是欧洲最高的活火山，250 万年前就已经是活火山了。

一些小教堂和布置温馨的小店。翁贝托大道中心有一座建于 11 世纪的圣尼可洛大教堂，它是西西里岛上最大的一座教堂，是由埃特纳火山的火山岩和锡拉库扎的白石灰岩修建而成的典型的巴洛克式建筑，教堂前的喷泉中央有一座建于 1635 年的半人马雕塑，据说是陶尔米纳的象征。翁贝托大道

小镇的中心是四月九日广场，广场坐拥海景，广场上有一座哥特式风格的奥古斯特教堂，侧面就是 17 世纪的圣约瑟夫教堂，还有一座高耸入云的 12 世纪钟楼。

❖ 古镇中的小教堂

❖ 四月九日广场

❖ 古镇中随处可见西西里岛的标志

西西里岛的标志名叫三曲腿，中间的头是美杜莎。公元前8世纪，古希腊人占领西西里岛后，他们发现这座岛有3个明显的端点，分别是指向南方的Capu Pachinu、东方的Capu Peloru和北方的Capu Lilibeu。西西里岛的地形就是大概这样的三角形，这个三曲腿就成了西西里的象征。

的终点是四月九日广场，据说是因庆祝加里波第从波旁王朝手中夺取西西里岛而得名。这里的中世纪房屋的窗户和阳台上都种满了鲜花，大部分房屋分布在陡峭升起的街道与阳光斑驳的四月九日广场周围。

如果说《西西里岛美丽传说》让很多人喜欢上了西西里岛，那么在陶尔米纳，仅仅需要1秒，就会让每个人喜欢并爱上这里。

主打“美食”与“美景”两大元素的慢综艺《中餐厅》的第三季就是在陶尔米纳拍摄的。

❖ 古希腊剧场的残垣

❖ 科尔瓦亚宫

科尔瓦亚宫位于翁贝托大道上，其建筑风格包含了阿拉伯、诺曼和哥特式等。

陶尔米纳与西西里岛一样，曾经被希腊人、古罗马人、拜占庭人、阿拉伯人、诺曼人、施瓦本人、西班牙人等先后统治过，小镇的建筑文化印证了这一切。

古希腊剧场

陶尔米纳最高处有一座公元前 3 世纪罗马人所建的“古希腊剧场”，整座剧场是由山崖开凿而成的，其规模仅次于西西里岛上的叙拉古希腊剧场，由于建在崖壁上，从而成为世界上最有特色的希腊剧场。

整座古希腊剧场呈“U”形，犹如悬浮于海天之间的大盆，如今跨越了 2300 多年的沧桑，剧场很多地方变成了残垣断壁，但是中间的舞台依旧被修葺一新，成为戏剧表演或各种演出的场地，而且每年都会在此举办大型的陶尔米纳国际艺术节，舞台上会上演经典的意大利歌剧。

古希腊剧场遗址，石阶围成的观众席正好依山势渐高，背海的山崖修建成平台，也就是舞台。

❖ 古希腊剧场的观众席

❖ 古希腊剧场

❖ 心形海滩

贝拉岛因心形的形状而广为人知，与其相连的两个小海湾也组成了一颗藏匿于海中的心。

西西里岛最优美的风景

除了随处可见、略显沧桑的历史痕迹之外，陶尔米纳还有西西里岛最优美的风景——心形海滩。整个海滩周边分布着各种旅游纪念品、服装、书籍、糖果巧克力、陶瓷商店等，这些建筑沿着海岸环抱着两个小海湾，呈“M”形，而“M”的中间位置是一座可爱的心形岛（贝拉岛），这是西西里岛最负盛名的情侣打卡景点之一！

西西里岛规模最大的古希腊剧场在叙拉古，在叙拉古古希腊剧场附近有很多古遗址，拥有丰富历史遗迹的叙拉古 2005 年被列为世界文化遗产。这里曾经是地中海上最显赫的城市之一，是地中海文明变迁的活化石，也是古希腊文明和古罗马文明交汇碰撞的地方。

艺术家的摇篮

陶尔米纳充满了艺术魅力，曾吸引了歌德、王尔德、大仲马、莫泊桑等一大批大名鼎鼎的艺术家。18 世纪时，歌德在他为时两年的意大利之旅期间来到了陶尔米纳，在这里，他迟迟不肯离去，赞叹陶尔米纳真是一个小天堂。20 世纪时，一大批不被世人所理解的艺术家纷纷来到陶尔米纳，在极致美景中继续自己的艺术创作，陶尔米纳也逐渐吸引了更多的人前来找寻灵感，因此作家哈罗德·阿尔顿戏称这里为“罪恶之地”，是一个来了就走不了的地方。《碧海蓝天》《天堂电影院》《海王》等著名影视作品都曾在这里取景。

布拉诺

七　彩　童　话　般　的　小　镇

布拉诺因独特的蕾丝与色彩斑斓的房子而闻名于世，全镇的房屋都被涂上了绚丽的色彩，显得异常美丽，被誉为“世界上色彩最丰富的地点”之一。乘坐贡多拉，在小镇中穿梭，让人仿佛穿越到了梦幻般的童话世界。

布拉诺离威尼斯只有不到 50 分钟的船程，是威尼斯的一座小岛，也是一个精致的彩色小镇，岛上居民几乎都是原住渔民的后代，当地的手工蕾丝和抽纱制品非常有名，是威尼斯的特色手工艺品。

色彩斑斓的房子

布拉诺并不大，被狭窄的小河（或者叫水道更确切）分割成多个区域，小镇上的家家户户都有当地特色的船只——

❖ 布拉诺色彩斑斓的房子

贡多拉，它在这里相当于我们的自行车或电瓶车一样，是日常出行工具。

游人可以乘坐贡多拉穿梭在布拉诺的小河之上，河岸两边到处是色彩斑斓的房子，清澈的小河蜿蜒流转，彩色房子的白色窗台上的花盆、海风中飘动的布帘、彩色的装饰物，都是房主亲自挑选或制作的，绝少有雷同的，这是小镇美景的一大特色。

潟湖上最热闹的小镇

布拉诺岛是威尼斯潟湖众多岛屿中最美丽的，从很远的地方就能看到小镇教堂的高塔。相比于潟湖中的其他岛屿，布拉诺岛是最热闹的。小岛不仅有如织的小河，还有一条贯穿整个小镇的大街，街道两旁同样是刷成五颜六色的房子，大多是一家挨一家的店铺，还有历史悠久的鱼市，露天的摊贩在这里售卖着各种鱼类。

❖ 作曲家巴达萨尔的雕像

布拉诺是著名威尼斯作曲家巴达萨尔的故乡，在小镇街道旁有一座纪念他的雕像。

❖ 小河边的彩色房子

❖小河边的彩色房子

❖彩色房子与贡多拉

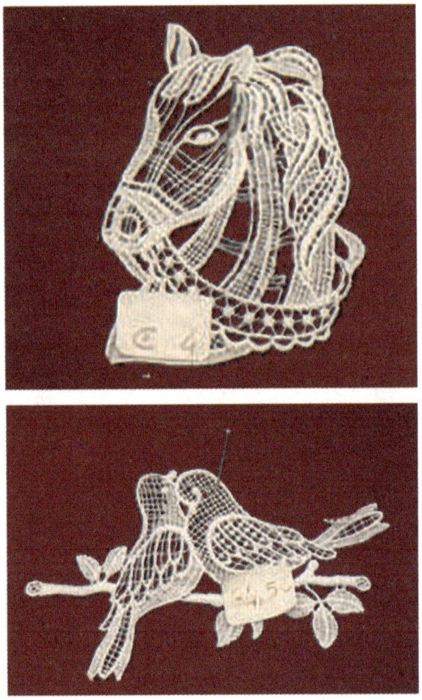

❖布拉诺蕾丝

最初只是为了辨识自家的房子

布拉诺的彩色房子是这里最大的亮点。据说古时候，威尼斯处于动荡年代，潟湖上的渔民会经常地迁移居住地，在潟湖这种复杂的水域，有时很难辨清位置，尤其是光线不好或者天黑的时候就更难分辨方向，于是，渔民们就在自己家的房子上涂上颜色或者做上醒目的标记，久而久之就成了习惯。

如今，虽然居民已无须经常迁移居所，这个习惯却被保留下来，因为在威尼斯主要靠船出行，每当有客到访的时候，在船上很难看清岸边的门牌号，所以在房子上涂色依旧是辨识房屋的最佳方式。当地政府为了吸引更多的游客来到布拉诺，规定居民们每年要刷一次房子的外墙。

❖ 布拉诺斜塔

布拉诺标志性的建筑——斜塔。

❖ 伊丽莎白一世

伊丽莎白一世华丽的服饰上用了大量的布拉诺蕾丝。

布拉诺的特色手工艺

早在16世纪，布拉诺蕾丝就已成为欧洲各地皇室的御用品，如路易十五、维多利亚女王、玛丽皇后……他们奢华的礼服上都有布拉诺蕾丝。

传说古时候，这里的渔民出海后，妻子们为了慰藉思念，仿照渔网的样子，用棉线编织网状织物，并将其缀饰在衣服的边缘，后来经过不断地改进工艺，手艺代代相传，形成了华丽的布拉诺蕾丝。

布拉诺因蕾丝早早闻名于欧洲，与穆拉诺玻璃一起造就了威尼斯“手工之城”的美名。

色彩给了布拉诺耀眼的美丽，而蕾丝使布拉诺拥有了柔软而华丽的情怀，并让它拥有了“蕾丝岛”这个颇具诗意的名字。

约5世纪时，布拉诺即有人居住，但直到威尼斯成为繁荣的商业中心后，手工业才取代了渔业，以蕾丝织品为主的手工产品逐渐成为岛上居民收入的来源。

穆拉诺是威尼斯一座集中制作玻璃制品的小岛，有悠久的历史，以制造色彩斑斓的穆拉诺玻璃器皿而闻名于世，其拉丝热塑的工艺堪称一绝。

阿尔盖罗

西 班 牙 风 情 的 五 彩 小 镇

阿尔盖罗虽为意大利小镇，但是原住民却说着流利的加泰罗尼亚语，而且小镇到处都是西班牙风格的建筑，使人怀疑这座小镇到底属于西班牙还是意大利！

阿尔盖罗位于意大利萨萨里省以西 30 千米处，坐落在地中海之中的撒丁岛（意大利第二大岛）一个突出的海岬之上，是一个中世纪风格的沿海小镇。

欧洲最古老的小镇之一

阿尔盖罗是欧洲最古老的小镇之一，有考古证据认为最早在史前时期，这里就有人类居住。在约公元前 800 年，腓尼基人成为撒丁岛的主人，公元前 238 年罗马人入侵，并统治这里 600 多年；后来又相继被汪达尔人、拜占庭人和萨拉森人统治，11 世纪时被当时的热那亚人夺取，12 世纪时开始

❖ 阿尔盖罗风景

❖ 阿尔盖罗海岸

在阿尔盖罗建城。公元 14 世纪，在西班牙征服撒丁岛期间，1353 年阿拉贡国王佩德罗四世率大军与热那亚军队在阿尔盖罗交战，史称阿尔盖罗之战，阿拉贡大军获胜，将热那亚人彻底赶出撒丁岛，使该岛成为西班牙属地，统治长达 4 个世纪。

❖ 西班牙阿拉贡国王佩德罗四世

腓尼基人是一个古老民族，生活在今天地中海东岸，相当于今天的黎巴嫩和叙利亚沿海一带，腓尼基人善于航海与经商，在全盛期曾控制了西地中海的贸易。古代的腓尼基并非指一个国家，而是整个地区，这里就像伯罗奔尼撒半岛一样，林立着推罗、西顿、乌加里特等城邦国。

❖ 腓尼基人的石刻画

❖ 阿尔盖罗狭窄的街巷

小巴塞罗那

阿尔盖罗这个名字源于中世纪的拉丁语，如今阿尔盖罗早已与整个撒丁岛一起成为意大利的一部分，然而，阿尔盖罗老城中狭窄的、铺满鹅卵石的街道，曲折的小巷，以及有名的圣米凯莱和圣方济各教堂顶部色彩斑斓的瓷砖等，到处洋溢着独特的西班牙风情，而当地居民一口纯正的加泰罗尼亚语（西班牙入侵撒丁岛后，大量西班牙人移民至此，而加泰罗尼亚如今是西班牙的一个大区）与小镇上随处可见的中世纪风格的西班牙文化元素，更让人觉得这是一个有历史的西班牙小镇，甚至被人称为“小巴塞罗那”。

❖ 通往海神洞穴的台阶

通往海神洞穴有两种方法：一种是由码头乘船直接前往；另一种是经由靠近海角的一端，从峭壁上方向下走，共有800多级陡峭的石阶，想要考验自己体力和毅力的人不妨试试。

海神洞穴

阿尔盖罗位于地中海的绝佳位置，拥有许多天然的海景，其中最有名的就是海神洞穴。

海神洞穴位于阿尔盖罗镇外的礁石滩上。18 世纪时被渔民无意中发现。它是一个钟乳石溶洞，洞内布满了石笋和钟乳石。溶洞总长度约为 4 千米，但只有几百米是向游客开放的。游客可以沿着 800 多级台阶一步步走进溶洞，一侧是海水，一侧是岩壁，景色非常壮丽。

❖ 海神洞穴内部

❖ 海神尼普顿

尼普顿是罗马神话中的海神、海王、海皇。起先，他大概是水神，或是解除干旱的雨神，后来罗马人将他掌管的领域扩大到了整个海洋（罗马神话基本承袭了希腊神话的体系。波塞冬是希腊神话中海神的名字，尼普顿是罗马神话中海神的名字，所以同一个海神在拉丁语里就叫尼普顿）。

斯韦特洛戈尔斯克

"小欧洲"最文艺的一个小镇

加里宁格勒是俄罗斯最小的州，也是一块与俄罗斯本土完全割裂的飞地，紧邻波兰和立陶宛，有着与俄罗斯不同的风情，因此被称为俄罗斯独特的"小欧洲"。斯韦特洛戈尔斯克是"小欧洲"最文艺的一个小镇。

斯韦特洛戈尔斯克在苏联时期是达官显贵的疗养地，政府曾经给州书记们每人一套小别墅度假，它们现在看起来就是很普通的小平房，而且因为没人打理，早就破破烂烂的了。

斯韦特洛戈尔斯克是俄罗斯加里宁格勒州西北部的一个城市，位于萨姆兰半岛上，濒临波罗的海。

普鲁士风情小镇

斯韦特洛戈尔斯克离加里宁格勒市区不到 40 千米，是一个环境非常迷人的海滨小镇。这个沿海城镇曾是普鲁士人的原始居住地，于 1258 年建立城镇，属于普鲁士王国，后合并为德国领土的一部分，称作"Rauschen"。第二次世界大战

这是斯韦特洛戈尔斯克最上镜的角度，也是常出现在加里宁格勒州各种宣传册上的画面。

❖ 小镇美景

❖ 德国人留下的木桩

在第二次世界大战前，斯韦特洛戈尔斯克是德国的领土。德国人为了防止海潮冲走沙子，在海岸隔不远就打下一组木桩，中间放上大石头拦住沙子。也有人说，这只是当时的小码头，上面的木板被海水冲跑了。

❖ 斯韦特洛戈尔斯克的标志性建筑

后，小镇随着整个加里宁格勒地区一起成了苏联领土。如今，整个小镇保存着大量古老而漂亮的阿尔萨斯风格的房屋，到处充满了文艺气息，很容易让人慢下脚步，融入当地人闲散的生活氛围中，让人忘记这是在俄罗斯境内的小镇。

海滨风景

斯韦特洛戈尔斯克的风景美得就像明信片，是加里宁格勒人最喜欢的海滨度假胜地。最早在19世纪的普鲁士王国时代，当时的德国精英和艺术家们就来到这个小镇的海边兴建豪宅，在此隐居。1840年，普鲁士国王腓特烈·威廉四世更是喜欢上了这个小镇，并扩建了海堤，形成了一个小镇的主要景点：喧嚣的通往波罗的海的无尽海景长廊。无尽海景长廊及周边的海滩风情、造型独特的海边小缆车、热闹非凡的海滨酒吧和可爱的微缩城堡，这一切都使斯韦特洛戈尔斯克的海滨风光更加迷人。

❖ 斯韦特洛戈尔斯克海边的小缆车

❖ 街边墙壁上的加里宁格勒州地图

斯韦特洛戈尔斯克就在地图的左上方太阳下面，有一条长长的沙坝，西面是波罗的海，北面和东面是立陶宛，南面是波兰。

库尔斯沙嘴

在斯韦特洛戈尔斯克海滨有一条很长的沙坝，朝东的沙坝连接立陶宛，朝西的沙坝连接波兰。连接立陶宛的沙坝叫作库尔斯沙嘴，两边都是波罗的海，因为地貌很奇特，被誉为“俄罗斯的一处世界遗产”。

库尔斯沙嘴有 100 多千米长，宽度只有 2 千米，好像一座长长的“岛屿”，成为库尔斯潟湖与波罗的海之间一道奇特但令人惊叹的屏障。整个库尔斯沙嘴深入波罗的海，漫长的沙滩上面覆盖着树林，狐狸、松鼠等各种野生小动物在森林里出没，有限的表面区域容纳了大量的自然美景，是一个不可多得的游玩打卡之地。

❖ 库尔斯沙嘴

兰迪德诺

《爱丽丝梦游仙境》的发源地

从地形上看，兰迪德诺类似一个半岛，三面环水，自然形成一个新月形海湾，中间靠北是一座山，依山傍湖，气候宜人，风光旖旎，无数次出现在威尔士的旅游宣传影片、明信片中。

兰迪德诺是一个临海小镇，位于英国威尔士的康威郡自治市内，濒临北大西洋，被称为“北威尔士的门户”，是英国少有的仍未被“现代城市发展污染”的城镇。

威尔士度假胜地之后

兰迪德诺曾是一个荒芜的滨海小村，1848年，在利物浦的建筑师欧文·威廉姆斯的建议下，莫斯藤勋爵把这个村开

❖ 兰迪德诺的爱丽丝雕塑

❖ 兰迪德诺的兔子雕塑

发成度假地，后来，利物浦及其周边城市的人们都跑过来看海，这里逐渐成为一个城镇。

兰迪德诺最早于 1864 年就被誉为“威尔士度假胜地之后”，成为英国王室以及欧洲各国王室的度假地，先后接待过伊丽莎白二世、查尔斯三世、拿破仑三世、罗马尼亚王后等王室成员，还有披头士乐队、查尔斯·达尔文、本杰明·迪斯雷利、格莱斯顿、丘吉尔等世界名人，是一个著名的令人惊叹的风景胜地，现已成为威尔士最大的海边度假地之一。

《爱丽丝梦游仙境》的发源地

❖ 刘易斯·卡罗尔

刘易斯·卡罗尔（1832—1898年），英国人，是一位数学家，长期在享有盛名的牛津大学任基督堂学院的数学讲师，发表了好几本数学著作。他因有严重的口吃，故而不善与人交往，但他兴趣广泛，在小说、诗歌、逻辑等方面都颇有造诣，还是一个优秀的儿童像摄影师。《爱丽丝梦游仙境》是卡罗尔兴之所至给友人的女儿爱丽丝所讲的故事。

兰迪德诺被称为“英国第二幸福的地方”，面积虽小，但五脏俱全，长长的主干道旁的商店琳琅满目，应有尽有，人们悠闲地随处走动着。当年英国牛津大学讲师刘易斯·卡罗尔来到兰迪德诺度假，被这里的美景深深吸引，从而产生了奇思妙想，获得了灵感，写出了一部脍炙人口的童话《爱丽丝梦游仙境》。如今，兰迪德诺更是将这个童话故事内容融入小镇的各个角落，使游客在街头巷尾的任何一个角落都有机会遇到童话里的人物雕像。

利物浦是英格兰西北部港口城市，也是英格兰八大核心城市之一，人口约为 52 万人。利物浦是默西河畔都市郡的 5 个自治市之一。

❖《爱丽丝梦游仙境》电影剧照

《爱丽丝梦游仙境》讲述了一个叫爱丽丝的小女孩，因在梦中追逐一只兔子而掉进了兔子洞，开始了漫长而惊险的旅行，直到最后与扑克牌王后、国王发生顶撞，急得大叫一声，才大梦醒来。这部童话以神奇的幻想、风趣的语言、昂然的诗情突破了西欧传统儿童文学道德说教的刻板公式，此后被翻译成多种文字，传遍了全世界。

❖ 兰迪德诺的海滨长廊

兰迪德诺海湾及海滨长廊

兰迪德诺的主街是莫斯藤街，街道两边是一排维多利亚风格的商场、饭店、咖啡店、银行以及教堂和图书馆，沿着莫斯藤街一直走，就是兰迪德诺最有名的兰迪德诺海湾，其优美的弧度达 3.2 千米，环抱着连绵且广阔的砂岩海滩，海滩边有一条始建于 1878 年、700 多米长的海滨长廊，长廊与兰迪德诺之间被公路和花圃隔开，长廊的一端是码头，码头上有各种酒吧、咖啡店、商场、宾馆以及销售纪念品的商店。在长廊上还有一座剧院——北威尔士剧院，它的前身是维多利亚皇宫，这是海滨长廊乃至兰迪德诺的百年地标建筑，最早的历史能追溯至 1894 年，如今成为以歌剧制作、乐团演奏、冰演及哑剧的场所。

❖ 北威尔士剧院

❖ 登山电车

大欧姆山登山电车是世界上仅存的3处还以电缆拉动的电车之一，1902年启用，沿山道往上，到顶峰为终点。顶峰设有综合馆，有餐厅、游客中心、酒馆及拉角子老虎机的小馆，也能远眺一望无际的景色。

登山缆车的出发点是快活谷，这是1887年莫斯滕勋爵为了庆祝维多利亚女王50岁生日而送给小镇的礼物。这里原来是一个采石场，后来被建成了花园、两个小型高尔夫球场、一个球穴区及露天剧场。露天剧场及高尔夫球场于1987年改建为人造滑雪场及雪橇道。

康威古堡位于康威小镇，从兰迪德诺出发，车程不到30分钟。

❖ 康威古堡

大欧姆山

大欧姆山是一座由石灰岩形成的、直接伸向大海的山脉（陆岬），山中有多种珍贵植物以及栖息于坑洞、平地、沿崖的候鸟。它曾经是青铜时代一个极其重要的铜矿场，如今已经废弃，建有一座铜矿博物馆，是兰迪德诺重要的旅游景点。山顶是欣赏整个兰迪德诺美景的最佳地点，可以选择有轨电车、缆车、骑车、自驾或者徒步到达，推荐有轨电车或缆车登顶，1902年启用的大欧姆登山电车是世界上仅存的3处以电缆拉动的电车之一，乘坐它上山，可以感受到大欧姆山独特的动态之美、自然之美及浓厚的历史气息。

大欧姆铜矿为青铜时代一个极其重要的铜矿场。它于公元前600年废弃，1692年重启，直至19世纪末关闭，20世纪再度重启。

大欧姆山山顶是俯瞰整个兰迪德诺海湾的最佳地点，很多小镇的明信片都是从山顶的角度拍摄的。

❖ 在大欧姆山山顶俯瞰兰迪德诺海湾

波特里

英 国 的 世 外 桃 源

波特里位于有“天空岛”之称的斯凯岛上，这里远离世俗喧嚣，保留着大自然最纯净、最原始、最神秘的美，被许多电影取景，堪称英国的“世外桃源”！

斯凯岛也叫天空岛，位于苏格兰西北近海处，是苏格兰西部赫布里斯群岛中最大、最北的岛屿，岛长约 50 千米，最宽处不到 8 千米。岛上的首府就是波特里。

斯凯岛在挪威语中的意思是“云之岛”，据说有一群维京海盗来到苏格兰高地西北海域，发现了这座岛屿，原本打算上去劫掠，却发现整座岛都被迷雾笼罩着，如在云中，好似仙境，于是维京人放弃了打劫的念头，离开了这座岛，小岛因此得名“云之岛”。

古老的海滨小镇

斯凯岛长期孤悬于苏格兰外海，需要靠轮渡才能登岛，直到 1995 年跨越洛哈而什海峡的斯凯岛大桥修建完成，才将斯凯岛与苏格兰陆地连接到了一起。交通便利后，每年来到这里的游客逐年增加。

斯凯岛因其异常美丽的海岸线、荒无人烟的宽阔高地、废弃幽深的古堡和高耸孤独的灯塔而给人一种浪漫、粗犷和孤寂的自然美，这种辽阔苍凉的感觉正是苏格兰高地的气质。

❖ 斯凯岛美景

❖ 斯凯岛大桥

斯凯岛大桥被称为“为世人打开天堂之门的仙境之桥”。

波特里是一个恬静、古老的海滨小镇，位于斯凯岛东北部的一个天然形成的港湾内，通过斯凯岛大桥后，沿公路前行约 20 千米就到了波特里。波特里是一个很小的镇，却是斯凯岛上最大的镇，岛上绝大部分居民都居住在这里，是全岛的交通枢纽。波特里四周被群山环抱，景致如画，半小时就能逛遍整个小镇。

波特里的建筑很精美，房子上点缀着鲜艳的色彩，与圣托里尼那种张扬的色彩不同，这里更显得沉静与安详。

❖ 波特里的中心街道

波特里拥有美丽迷人的港口，港湾里停满了各种游艇、帆船、渔船，甚至偶有军舰，每到夏季，这里就是度假的天堂。

邓韦根城堡

邓韦根城堡位于波特里不远处，它是苏格兰最古老而且一直有人居住的城堡，曾有 800 多年一直是麦克劳德家族的中心。据说现在的主人是一位老太太，她是某个贵族的后裔，唯一的继承者是一只与她相伴的猫。

这座城堡原本是一个家族要塞，禁止外人进入，直到 1933 年才对外开放，是苏格兰最佳旅游景点之一，沃尔特·司各特爵士、约翰逊博士、英国女王伊丽莎白二世和日本明仁天皇都访问过这里。

❖邓韦根城堡

邓韦根城堡中有很多重要的麦克劳德家族遗迹，其中最主要的是“仙女旗”和“邓韦根杯”。“仙女旗”是麦克劳德家族最珍贵的财产，织物一度被染成黄色，是来自中东（叙利亚或罗德）的丝绸，专家已经确认它制作于公元 4—7 世纪，换句话说，至少为第一次十字军东征的 400 年前。

登高处——老人峰

沿着邓韦根城堡继续往北走，在斯凯岛最北端有一根尖顶的石柱屹立在海边的山峦之上，神似一位独自坐在海边的老人，这便是斯凯岛上的标志性景点——老人峰。

❖老人峰

❖公路边的电话亭

波特里远离现代文明，这里几乎没有什么网络信号，所以还能见到在国内几乎看不到的电话亭。

❖ 波特里田野中的房屋

“老人峰”这个词来自挪威语中的“Storr”，意思是“伟大的人”。它是岛上最高的山峰，仅登山步道就有3.8千米长，需要徒步才能欣赏到最美的老人峰风景。这里山、海、天相连，拥有苏格兰最棒的徒步路线，站在老人峰顶，可一览斯凯岛壮观的风景全貌。不过，观看老人峰最佳美景的地点并不是在山顶，而是在山脚或者更远处。

欣赏老人峰有几个角度：一是刚踏上斯凯岛时，远看老人峰侧面的几根峰柱；二是在山脚，正面看峰柱，虽然平时并不惊艳，但是有雾的时候宛如仙境；三是最值得推荐的角度，从后面观看，它也曾是全英国风光摄影比赛的第一名所拍摄的主题，但是这个角度的风非常大，没有一点毅力很难欣赏到。

除了老人峰之外，波特里北边的海岸上还有很多斯凯岛上的地标性景点，如苏格兰裙边悬崖、米尔特瀑布……

充满野性之美的奎雷因

如果说老人峰是波特里北边最美的海景，那么奎雷因则是波特里北边最美的山景。

❖ 斯凯岛地标之一：苏格兰裙边悬崖

苏格兰裙边悬崖，因为像苏格兰男人穿的裙子而出名。

奎雷因是斯凯岛北部一个山区，这里的岩石景观、悬崖峭壁充满野性之美，随着天气不同而呈现不同的风貌。奎雷因渺无人烟，这里的路弯弯曲曲，而且越来越窄，越来越陡，时不时夹杂着一些小湖泊、瀑布，尤其在风雨天气时更显魔幻，电影《魔戒》曾在这里取景拍摄；另外，电影《普罗米修斯》里充满浓郁中世纪风格的场景也取景于此。

奎雷因是斯凯岛上最令人震撼的景点之一，但由于经常发生山体滑坡和泥石流，这里的道路每年都要维修。

❖ 斯凯岛地标之一：米尔特瀑布

米尔特瀑布比想象中的要小，水流一路冲到大西洋，据说早在1.65亿年前，这里是恐龙的栖息地，因为英国科学家在这里发现了15对大型食肉恐龙的大脚印化石。

❖ 奎雷因风景

❖ 内斯特角灯塔

斯凯岛最原始的人文风情

斯凯岛与陆地隔绝，因此成为盖尔文化保存最完整的地方，拥有独特的历史厚重感和民族文化的美感。

英国的全称为大不列颠及北爱尔兰联合王国，由英格兰、苏格兰、威尔士和北爱尔兰组成。现代英国人有两大族源：日耳曼人和凯尔特人，前者是征服者，后者是被征服者。

说简单点，不列颠的原住民是凯尔特人，盖尔人则是组成凯尔特人的一个分支或者说是一个元素，而盖尔人主要由皮克特人与斯科特人结合而成，是英国最早的原住民。

随着人种、文化的融合，如今在英国，即便是盖尔人中会使用盖尔语的人也越来越少，不过，在苏格兰西北的斯凯岛上，居民至今仍在使用盖尔语，岛上建有盖尔语学校，他们用自己独特而古老的语言，吟唱着诗歌，传承着文化。

内斯特角灯塔

穿越奎雷因后，向南行走不远，就到达了斯凯岛的最西边，这里有一座建于1909年的内斯特角灯塔。这座灯塔地处海角，立于一块直插北大西洋的土地尖端上，交通不太便利，只能自驾或者徒步前往。

内斯特角灯塔是一座由48万支蜡烛作为动力的灯塔，被评为“世界最美丽的十座灯塔”之一，周围被悬崖环绕，悬崖很陡峭，而且风很大，很危险，所以这里还被誉为“地球上35处神秘魅力之地”之一：“站在世界边缘的灯塔”。

斯凯岛上的牛全身披着金红色长毛，眼前有长长的毛遮盖眼睛，它们因这种齐刘海特有的“非主流”造型而被称为“非主流牛”。

❖ 斯凯岛上的“非主流牛”

“凯尔特人”是恺撒给这个民族起的拉丁语名字，恺撒描述的凯尔特人的最典型体貌特征是他们标志性的红头发。现如今，在凯尔特人分布较广的苏格兰和爱尔兰地区，有8%左右的人是红头发。

盖尔人是英国的少数民族，占英国人口的0.2%，大多使用英语和盖尔语，只有斯凯岛的盖尔人单用盖尔语。

昂蒂布

最有灵魂的海岸小镇

“在所有的海岸城镇当中，昂蒂布是唯一一个保留着自我灵魂的城市，只有在这里才让我产生归家的感觉。”这是英国小说家格雷厄姆·格林对昂蒂布的描述。

昂蒂布的全名为“昂蒂布 - 朱安雷宾”，是一个位于法国东南角的地中海沿岸市镇，面积 26.48 平方千米，与法国海滨城市尼斯相距 23 千米，与戛纳相距 10 千米，是法国著名的滨海旅游度假区。

昂蒂布是法国普罗旺斯－阿尔卑斯－蓝色海岸大区滨海阿尔卑斯省的一个市镇。

历史悠久的海滨古镇

法国著名小说家莫泊桑来到昂蒂布后，被小镇的历史以及风景深深打动，获得了创作灵感，挥笔写成了他的小说《俊友》。

昂蒂布是一个历史悠久的海滨古镇，古称“昂蒂波利”，最早的历史可追溯到公元前的腓尼基人时代，当时腓尼基人横行于地中海上，昂蒂布是腓尼基人在地中海沿岸所建立的贸易据点之一。后来被日渐强大的罗马帝国吞并，罗马帝国衰落之后，又被热那亚人

❖ 昂蒂布古城

❖ 美丽的昂蒂布

统治。1384 年，昂蒂布以及其沿海的堡垒落入夹在众多大国之间的摩洛哥的格里马尔迪家族手中。它先后依附于法国、西班牙、撒丁王国（意大利共和国前身），最后成为法国的一部分。

这里的古朴海港、城墙、城堡、堡垒、教堂、民宅、街道，都充满了浓郁的历史底蕴，曾吸引了毕加索、雨果、莫内等前来旅居创作。

❖ 格里马尔迪家族家徽

❖ 昂蒂布教堂

毕加索博物馆

昂蒂布具有典型的地中海式气候，冬暖夏凉，全年阳光灿烂，一年中超过 300 天是晴天，是法国蔚蓝海岸上的一座很有魅力的小城。

昂蒂布老城在岬角东北部，房子低矮密集，道路曲折狭窄，绿化非常好，所有的小路都通向海边。海边最醒目位置的建筑是格里马尔迪城堡，毕加索曾于 1946 年 9—11 月在昂蒂布居住，并以格里马尔迪城堡作为自己的画室，作为回报，他捐赠出自己在蔚蓝海岸生活时期的所有画作，包括 23 幅油画、44 幅素描，只有一个附加条件，那就是所有画作必须永远留在昂蒂布。格里马尔迪城堡如今成了毕加索博物馆，馆内收藏了毕加索的作品和他的大量藏品，在这里还能了解毕加索晚年在昂蒂布生活的细节。

在毕加索博物馆的城墙上、海边都有许多抽象的雕塑，与毕加索的画作一样，抽象得让人看不懂，却又似乎美到人的心坎里一样。

❖ 毕加索博物馆内的雕塑

❖ 毕加索博物馆

20 世纪时，毕加索在格里马尔迪城堡度过了他的晚年时光，并留下了在此期间创作的以及他收藏的马蒂斯、夏加尔等名家的大量作品，这座城堡后来成为毕加索博物馆。

❖ 具有典型南法风格的昂蒂布街巷

❖ 保存在毕加索博物馆内的毕加索作品

❖ 毕加索的作品《朱安雷宾风景》

卡雷要塞

卡雷要塞又称为方堡，修建于1553—1585年，也曾属于格里马尔迪家族，拿破仑曾经被囚禁在这里。它位于沃邦港旁一块岩石的顶部，全部是由岩石垒砌而成的防御工事，险峻且扼守边境。如今还需要从山脚步行500米长的崎岖山路，才能到达要塞入口。随着昂蒂布割让给法国后，卡雷要塞因失去了战略地位而荒废，如今被重新修缮后对游客开放。

卡雷要塞是一个极佳的观景地点，可以鸟瞰昂蒂布的海港、海滩以及全部海岸线，也是到昂蒂布打卡的最佳角度之一。

毕加索博物馆不远处是一条长10多千米的海滨道，这是蓝色海岸最美的徒步小径之一，沿着海滨道可以欣赏昂蒂布古城与地中海风光交汇在一起的那种浪漫。

昂蒂布的冬季降雪极为罕见，平均气温大概为13℃。2008年11月25日，昂蒂布突降大雪，在这里的气候史上罕见。

❖ 卡雷要塞

法国最美的海岸线之一

昂蒂布三面被翡翠般的海水环绕，有长达23千米的海岸线，而且没有任何建筑物遮挡，堪称法国最美、最长的海岸线之一。沿岸有众多的海滩、海湾，海滩边布满了酒吧、咖啡馆、舞厅以及夜总会等，其中最有名的海滩要数兴起于19世纪末的朱安雷宾度假区，这里每年举办的朱安爵士音乐节是欧洲最古老的爵士音乐节，无数国际爵士史上著名的艺术家均在它的舞台表演过，因此有“欧洲爵士音乐节之父”的尊称。

❖ 海港边的字母人雕像

字母人雕像是昂蒂布的网红打卡景点之一，它就静静地坐在海港边，面对地中海，在字母人雕像下面的标签上写着："这是一件艺术品，而这里没有监控，请不要攀爬。"

❖ 拿破仑

1794 年"热月政变"发生后，持不同政见却尚未成为法兰西枭雄的拿破仑曾被短暂囚禁在沃邦港旁的方堡中。

昂蒂布东面的海滩边多为海港和城墙，中间的海岬则主要是岩石滩，西面的朱安雷宾海边大多是柔软的细沙滩。

在海岸线另一面茂密的丛林之中，隐藏着世界各地名流的豪宅以及顶级奢华的酒店，每年戛纳电影节期间，此地的酒店都会举办盛大的晚会，给昂蒂布增添了不少时尚感和神秘感。此外，在海岸线上还有 5 个海港，其中包括被称为欧洲第一和世界第二游艇港的沃邦港。

昂蒂布位于地中海蔚蓝海岸边，蔚蓝海岸的海床倾斜度大，下降非常快，这样的地形使人们不用远离海滨就可以找到潜点，因此它也是法国著名的潜水胜地。

斑驳的古堡、浪漫的海滩、奢华的海港、浅黄色的老巷，橘色夕阳里夹杂着略带咸味的海风，空气中仿佛都氤氲着醉人的浪漫气息，这一切不仅让昂蒂布变得迷人，而且充满古典欧洲风范。

昂蒂布－朱安雷宾度假区是由美国人费兰克·贾古尔德投资兴建的，度假区奢华非凡却又品位不俗，吸引来众多名人，如美国著名歌星约瑟芬·贝克、电影大师卓别林、法国著名文学理论家兼评论家纪德、菲茨杰拉德、鲁道夫·瓦伦蒂诺、海明威和"美丽的奥特罗"等，都曾来过此地度假。

位于法国蔚蓝海岸的沃邦港是地中海最大的游艇码头，在罗马帝国以前就已经投入使用，后由路易十四的军事工程师沃邦侯爵加固。城墙上有很多有意思的绘画，现在已经成为旅游景区。

❖ 沃邦港城墙

索姆湾小镇

法国三朵花级别的最美小镇

索姆湾小镇虽名为海湾小镇，却不见一丝海浪，整个小镇沿着一条蜿蜒的小河而建，小镇虽不见海，却能闻到阵阵海风，使人心旷神怡！

❖ 索姆湾风光

法国 1998 年邮票上的索姆湾自然风光。

索姆湾小镇（又名圣瓦雷里）位于法国西北部碧卡地省面向大西洋的索姆湾湾口的滩涂之上，对岸是英国，小镇宁静而美丽，曾入选 2017 年度法国最美小镇第二名。

法国三朵花级别的最美小镇

索姆湾小镇历史悠久，早在公元 6 世纪，当时的法兰克王国的国王就已经在这里建港。

1066 年，诺曼底公爵“征服者”威廉从这里出发，跨过英吉利海峡，取得了英国王位，开启了英国诺曼王朝的历史。英法百年战争时期，圣女贞德在被押往鲁昂之前就被关押在这里……索姆湾小镇因此成为一个历史名镇，被评上法国三朵花级别的最美小镇。

❖ 索姆湾沟壑纵横的滩涂

❖ 征服者威廉一世

❖ 通往海滩的栈道

运行了 130 多年的老式火车

索姆湾小镇有一条当地有名的特色小火车铁路，可乘坐小火车沿着索姆湾的海岸线观光。

小火车铁路始建于 1887 年，当时是为了配合索姆湾运输而建立的，后来为了方便法国的贵族到这里的海湾享受海水浴，沿着海岸线从卡约到索姆湾的另一端修建了一条长达 27 千米的铁路。小火车按照最开始的样子被保留了下来，它们每小时只走十几千米，成为法国最有名、唯一还在运营的蒸汽火车和柴油火车，运行了 130 多年。据说其中有一个百年前制造的蒸汽火车头至今仍在运营。这些小火车带领着游客悠闲地观赏沿途古镇、悬崖、森林以及滩涂变幻的风景。

❖ 三朵花小镇牌

索姆湾小镇是 2017 年度法国最美小镇第二名。

❖ 斑驳的邮筒

从小镇这个斑驳的邮筒上足可以看出历史的印迹。

❖ 索姆湾小火车售票处

❖ 索姆湾小火车

去努瓦耶尔祭奠中国劳工亡灵

索姆湾小火车途经许多小村和小镇，其中最不能忽略的一个地方就是努瓦耶尔镇，这里是索姆湾小火车的中点，也是分界线，小火车会在这里掉头和换车头，然后再分别去往两个方向。

索姆省以平原为主，局部略有起伏，索姆河发源于埃纳省，从东向西贯穿索姆省全境，流入碧卡地省的索姆湾后，再流入大海，为法国北部拱卫首都巴黎的重要屏障，在军事上极具战略意义。

索姆湾小火车共有 3 种类型：蒸汽小火车、柴油小火车和自动小火车。

卡约是索姆湾小火车的终点，与索姆湾的其他小镇没有太大区别，其海岸过于简单，是石质海岸，有法国北方独有的粗犷、简洁风格，相比于南法和西南海岸，少了一些小清新的装饰和令人惬意的滨海酒吧。卡约的海边只有一排小木屋供游客休息，因此这里的游客并不多，是一个避世休闲的好地方。

❖ 卡约

努瓦耶尔镇有一个第一次世界大战期间因感染西班牙流感而去世的800多位中国劳工的墓园，一进入小镇，就可以陆续看到路上用法语和英语写的中国劳工公墓的路标指示牌。在离小镇不远处的索姆湾奴莱特小村海边，有800多座墓，墓碑全部用中、英文刻注，编有号码。“他们闭上了双眼，谦虚的墓碑不问谁的名字，只有回声响应我们的疑问。”

索姆湾

索姆湾是法国北部的入海口，因索姆河由此汇入大西洋而得名。索姆河在凯尔特语中的意思为“平静”，而索姆湾也是一个平静的海湾，海湾面积约7200公顷，由沼泽、滩涂、索姆河而形成一个广阔的三角地带，是“世界上最美的30个海湾”之一，也是鸟类以及海豹的天堂。

❖ 中国劳工公墓大门

第一次世界大战结束后，英国军队在法国北部建立了十几个中国劳工公墓，其中最大的公墓埋葬了843人。墓园大门的两侧分别刻着“东土荫，国殇名”。

❖ 苦中作乐的劳工

整个索姆湾有许多海豹观赏点，最佳的观赏点就在卡约东北端。索姆湾是法国自然生态保护区之一，能规划到保护行列的无外乎当地稀有的动植物资源和独特的地质地貌，而索姆湾则是为了保护那些萌萌的海豹。

❖ 萌萌的海豹

卡达凯斯

被绘画大师达利盛赞的地方

这个集奇妙与梦幻于一身的地中海小镇，曾被绘画大师达利盛赞为西班牙最美的村庄，如今因精致文化之旅而成为一个旅游胜地。

卡达凯斯位于西班牙东北部，坐落于比利牛斯山区，紧邻法国的布列塔尼大区，在一处面对湛蓝地中海的陆地之上。

现代版的世外桃源

卡达凯斯是西班牙美丽海岸线上的最美小镇之一，如一颗璀璨夺目的珍珠镶嵌在深蓝色的地中海中。它是一个典型的西班牙渔港小镇，被茂密的橄榄树林环抱，有历史悠久的红瓦白墙的房子，还有古罗马人和阿拉伯人留下的城堡、教堂、修道院、浴室等。小镇外围是宽阔的沙滩，夏季阳光明媚，冬季湿润温和，四季气候宜人。这里远离城市的喧嚣，海滨多见名山奇石，像一个现代版的世外桃源。

❖ 绘画大师达利的雕塑

❖ 沿海而建的卡达凯斯

艺术小镇

卡达凯斯的房子大多是白墙红瓦，而且围绕着圣母院教堂，显得素雅而有魅力，因此吸引了众多艺术家云集于此，如萨尔瓦多·达利、毕加索、安德烈·布勒东、保尔·艾吕雅等，成为西班牙一个有名的艺术品小镇。小镇的街头巷尾有大量的艺术品商店、画廊等，这更吸引、激发了艺术家们的热情，他们纷纷来到小镇创作。如今，这些画廊、画家都成为小镇旅游文化的重要组成部分。

达利博物馆

在画廊云集的卡达凯斯，有一栋标志性的建筑——达利博物馆，这里曾是绘画大师萨尔瓦多·达利的故居，这位大师一生中的许多重要时光都是在这里度过的。

❖ **圣母院教堂**

圣母院教堂外部与周围其他的民居并没有太大的区别，但是内部却极显巴洛克风格的精美装饰。

一眼望去，尽是罗曼风格的白色，街道悠长，一直延伸到海边。

❖ **卡达凯斯的街道**

❖ 安德烈·布勒东

安德烈·布勒东（1896—1966 年），法国作家及诗人，超现实主义的创始人。其最著名的作品是 1924 年编写的《超现实主义宣言》，他在其中将超现实主义定义为“纯粹的精神自动”。

❖ 临海而建的达利博物馆

卡达凯斯距离达利出生的费格拉斯只有 30 千米，年轻时的达利在卡达凯斯邂逅了至爱的妻子卡拉，从此便在这个小镇住了下来，并开始了他的创作生涯。成名后的达利更是将居所扩建改造，打造成一个艺术

保尔·艾吕雅（1895—1952 年），法国当代杰出诗人。一生都在写诗和战斗，参加过达达运动和超现实主义运动，以及反法西斯斗争，代表作品有《兽与人，人与兽》。

❖ 保尔·艾吕雅

萨尔瓦多·达利（1904—1989 年），著名的西班牙画家，因为创作的超现实主义作品而闻名。

达利是一位具有非凡才能和想象力的艺术家，他的作品把怪异梦境般的形象与卓越的绘图技术、受文艺复兴大师影响的绘画技巧令人惊奇地混合在一起。

1982 年，西班牙国王胡安·卡洛斯一世封他为普波尔侯爵，他与毕加索、马蒂斯一起被认为是 20 世纪最有代表性的 3 位画家，代表作品有《记忆的永恒》《一条安达鲁狗》。

❖ 萨尔瓦多·达利

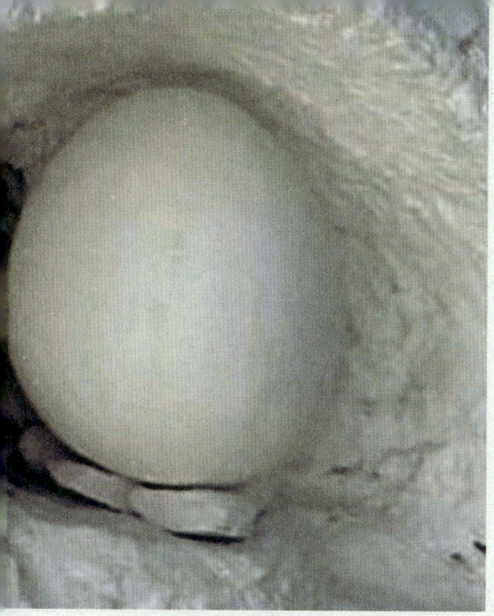

❖ **达利博物馆楼梯口的鸡蛋雕塑**

达利很喜欢蛋的隐喻，认为它代表了创意的诞生。他的整座房子的很多角落都安置了完整的蛋或迸裂的蛋。

❖ **达利博物馆的鸡蛋形雕塑**

达利博物馆的标志性景点就是这个鸡蛋雕塑。在博物馆内还有很多地方有鸡蛋的雕塑和鸡蛋造型。

在1930—1982年，除了西班牙内战时期的12年外，达利都是在这里度过的。这座建筑拥有数个白色的小烟囱和几个蛋形塔，这些元素都曾经出现在达利的画中。达利博物馆内有画室、雕刻室、手工房、工具房、颜料房，一应俱全。

天地，直到1982年卡拉去世，达利才离开了这个伤心之地。如今，达利故居被改造成达利博物馆，成为费格拉斯的那间著名的达利美术馆之外另一处可以纪念达利的地方。

如果你是达利的粉丝，一定不能错过这个小镇，因为这个小镇的每个角落都留下了他的足迹。街边一块不起眼的砖块、海边沙滩上的某一粒沙、火山岩礁石的某一个孔洞、海风无意吹动的海浪或白云，都或许曾是达利创作灵感的来源。

❖ **达利的作品：《记忆的永恒》**

米哈斯

以白为美的小镇

米哈斯以白为美，整个小镇到处都是白色，使人犹如置身于唯美的风景画一般，被誉为“西班牙最漂亮的白色小镇”，是欧洲人公认的最受欢迎的旅游度假胜地之一。

❖ 米哈斯（Mijas）

米哈斯位于西班牙南部安达卢西亚省的太阳海岸山区，是一个洁白的小镇，在绿树环抱中俯视着地中海，同时也眺望着大海对面的非洲大陆。

历史悠久

米哈斯已有几千年历史，是一个典型的、充满地中海风格的纯白色小镇，被叫作白色小镇（是西班牙众多白色小镇之一）。小镇原本只是一个很小的渔村，先后经历了希腊人、罗马人、腓尼基人、哥特人的统治，在7、8世纪时，阿拉伯人越过直布罗陀海峡打败了当时的统治者哥特人，从而占据了伊比利亚半岛，从那以后，白色的建筑才逐渐成为当地的主流建筑，也才有了米哈斯。

❖ 白色小镇米哈斯

❖ 洁白的房子

❖ 小镇商铺的多彩墙壁装饰

小镇上的街道两边有很多精致的小商店，店里、店外的白墙上挂满了瓶瓶罐罐和鲜花装饰，既向游客展示了美丽商品，又装点了自家的门面，一举两得。小镇上到处都是鲜花，和白墙、蓝天构成了最纯正的地中海风情。

纯白色小镇

米哈斯被誉为“浪漫小镇”和西班牙“十大风情万种特色小镇”，它坐落在地中海边的一座海拔428米的山峦上。这里的白墙红瓦、连成片的低矮房屋和狭窄整齐的街道中到处点缀着装饰的花盆。整个镇子沿着坡度平缓的山麓展开，白色建筑物高低起伏，错落有致，显得格外洁白且优雅迷人。

西班牙的太阳海岸上有无数风情万种的村庄和或古朴、或奢华的城堡，还有一个个夺人眼球的白色小镇。这些白色小镇总是选址在最让人惊叹的奇妙位置，要么屹立于悬崖峭壁之上，要么隐秘在起伏的山谷中，宛如地中海边一串串散落的珍珠，千百年来任时光飞逝，依旧保持着旧时迷人的模样。因为太阳海岸沿线的小镇景色雷同，所以本书就不过多介绍了。

❖ 米哈斯的山顶观景台

❖ 洁白的米哈斯教堂

❖ 佩尔圣母礼拜堂

佩尔圣母礼拜堂于16世纪被修道士修建在山岩上凿出的洞窟中，供奉着小镇的守护圣母佩尔圣母像。这里最初是隐士修行的地方，虽然礼拜堂的外观有点破旧，与洁白的小镇格格不入，但是其却是一处祈祷之地和主要的婚礼场所，每年都有众多世界各地的情侣来此举办婚礼。

❖ 佩尔圣母礼拜堂内部

米哈斯不大，乘坐当地的特色驴车1小时就可以转完主要街道。小镇最大的特色就是“白色”，每一处都充满了白色、浪漫的风情，随手一拍就是一张唯美的照片，吸引了世界各地的情侣来此蜜月旅行，希望能在这洁白氛围中获得最无瑕的爱情。

米哈斯又称为“驴城”，驴子是城市的标志，在镇中心广场上有一座毛驴铜像，小镇曾经的主要交通工具就是毛驴，如今已经被机动车取代，不过毛驴如今成为这里旅游观光的代步工具，是小镇的一大风景。

❖ 米哈斯毛驴铜像

米哈斯海岸

米哈斯除了满目的洁白色之外，还保留了阿拉伯人留下的沧桑城墙遗迹和17世纪时的佩纳圣女的隐居处。在镇外山体的洞穴之中有著名的佩尔圣母礼拜堂，据说它早在16世纪时就已经存在了。此外，有一条小路可以直通山脚的米哈斯海岸，它是西班牙太阳海岸的组成部分之一，也是米哈斯最美的海滨风光带。站在山脚眺望，山上漫山遍野都是层层叠叠的白房子，在蓝天白云之下洒落在平缓山坡的绿草丛中，乍眼一看，像是四下散开的羊群，令人心旷神怡，浮想联翩！

伊维萨

狂　欢　者　的　圣　地

伊维萨是钢琴家肖邦的故居所在地，这里不仅沁浸着地中海难以言说的风情，还承载着嬉皮士和艺术家们喜爱的情趣，被誉为“狂欢者的圣地”。

伊维萨是毕蒂乌萨斯群岛的首府，处于伊比利亚半岛、法国南部和北非之间，是一个位于地中海西部的西班牙小镇。它的历史悠久，公元前10世纪左右就以衔接伊比利亚半岛与非洲大陆而闻名，有“地中海珍珠”之称。

❖ 伊维萨的网红酒店

伊维萨打卡人数最多的就是“火烈鸟酒店”。

色彩天堂

若从高处眺望伊维萨，可见岛上石灰岩质的弯曲海岸线，由浅蓝、蔚蓝至深蓝渐变的透明海水和犹如轻纱一般的云朵。在碧绿海水的一侧是一排排低低的房屋，它们有褐色屋顶和粉白色屋墙，就像是细腻香甜的巧克力，再加上地球上最著名的落日景观之一，这一切构成了一幅简洁明快、如同童话般的色彩画。

❖ 伊维萨岛海景

伊维萨岛海滩

伊维萨岛的萨利内斯海滩是世界上最有名的天体海滨浴场，大家在这里追求的是与大自然的融入，所以很多俊男美女都会来这里进行裸体日光浴，如果喜欢古铜色的肌肤，可以带上美黑霜，来一场天然的日光浴。注意：这里是不许拍照的。

伊维萨岛指示牌

伊维萨的海岸线上分布着57个海滩，其中天体海滩和浴场有5个，包括塔拉曼卡海滩、菲戈莱特斯海滩、博萨海滩、卡瓦莱特海滩和萨利内斯海滩，其中最著名的是辽阔的萨利内斯海滩，它也是西班牙排名第一的天体海滨浴场。

音乐天堂

伊维萨仿佛永远都笼罩着神秘的面纱，散发着无穷的诱惑力。肖邦故居就坐落在这个历史悠久的小镇中，仿佛从肖邦这位大音乐家开始，伊维萨就与音乐结下了不解之缘。20世纪70年代，伊维萨是嬉皮士和艺术家们的乐园，并且一直是艺术家的隐居之地。

驰放音乐又被称为“沙发音乐”，是一种夜店里供人消遣的音乐，如今已经演变成一种电子音乐的风格，是一些曲风的统称，它包括了一些轻快、缓慢、令人放松的电子音乐和一些结合了电子音乐的爵士乐。

伊维萨岛上有几百个为电音而生的深夜音乐厅，从夏季起，每天24小时不间断地播放着狂暴的音乐！

肖邦

肖邦是历史上最具影响力和最受欢迎的钢琴作曲家之一，是波兰音乐史上最重要的人物之一，欧洲19世纪浪漫主义音乐的代表人物，被誉为“浪漫主义钢琴诗人”。他的作品以波兰民间歌舞为基础，同时又深受巴赫的影响，多以钢琴曲为主。

❖ 伊维萨岛古城上的火炮

❖ 伊维萨岛古城遗迹

1994 年，一种清新舒适的电子音乐出现在伊维萨，它不是独立创造的音乐形式，而是将不同音乐元素调和在一起而形成的全新音乐类型，这就是著名的驰放音乐。

伊维萨随处可见大型的音乐俱乐部，它们和热舞、电音派对紧密地联系在一起，而在光顾的客人中经常可以看到一些国际上非常有名的人物。伊维萨居民为古老文化感到自豪，同时也愿意接受新鲜的事物，街头巷尾总是充满狂舞的乡土乐队。

遗迹天堂

伊维萨除了有性感狂野的一面外，也有质朴的一面，它不仅是一个派对王国，也是一座有历史底蕴的古城。

早在公元前 6 世纪，迦太基人就在这里居住，它是迦太基人统治地中海的战略基地，现在城中还保存着大量的迦太基时期的历史古迹。

在迦太基时期，伊维萨因地理位置关系，对地中海的经济发展起到了非常重要的作用，

迦太基是腓尼基人在北非建立的殖民地城邦，后来独立发展，成为西地中海沿岸的一个强国，一度占领了北非沿岸和西班牙大部，并与罗马共和国争夺地中海霸权，后来在 3 次布匿战争中均被罗马打败，迦太基城被毁。

❖ 迦太基时期的萨卡莱塔

❖ **世界上最好的盐之一**

伊维萨岛是历史上著名的制盐区，周边无污染的环境，让此处的盐味道清澈，充满了海风的味道，伊维萨岛本地的“盐之花”也被称作“白色黄金”，是世界上最好的盐之一。

西班牙画家及作家圣地亚哥•鲁西诺尔曾这样描述这里：“这里男人从不匆忙，女人永不衰老，美景再怎样形容也不过分。这里终日阳光灿烂，就连月亮也是缓缓升起，迟迟移动。”

伊维萨岛有一个兴建于20世纪70年代的市场，销售许多充满吉卜赛风格的旅游纪念品，还有各种珠宝、银器、服饰、皮具、陶艺等。

如今仍然竖立在伊维萨的迦太基时期的萨卡莱塔与周边废墟，都是最好的见证。

伊维萨是高城防御卫城的经典，具有典型的意大利—西班牙模式，从最早的迦太基时期到阿拉伯占领时期，再到加泰罗尼亚时期和文艺复兴时期，都留下了难以磨灭的历史痕迹。

文化融合

伊维萨山上的城堡和山脚下挂着鲜艳招牌的现代商铺俯仰相望，古老和时尚在这里完美融合。人们在这里从来不会觉得寂寞，永远沸腾的咖啡仿佛把香气传遍了大街小巷，露天音乐会在夜幕降临后成为人们的狂欢聚集地。

世界上最著名的咖啡馆既不是遍布全世界的星巴克，也不是充满小资情调的左岸咖啡，而是伊维萨岛上被称为“这个星球最佳日落观赏点”的咖啡馆。

❖ **这个星球最佳日落观赏点**

维克

一 尘 不 染 的 绝 世 黑 沙 滩

维克的黑沙滩黑得凛冽，在星空下宛如鬼魅，满眼黑沙仿佛神的怒火燃烧后的遗迹，人们一旦踏入这个神秘之地，便会不可避免地陷入迷醉中。

维克位于冰岛的最南端，距离冰岛首都雷克雅未克东南187千米，大约有4小时的车程，是一个安静而祥和的小镇。

维克在冰岛语中是海湾的意思，冰岛有许多地方叫作“维克”，如雷克雅未克（维克）、凯夫拉维克、格林达维克、达尔维克等。

黑沙滩

维克是一个只有600多名居民的小镇，掰掰手指都能数清楚小镇里的几条街道。镇上除了山坡上的红顶教堂外，没有其他值得称道的风景。小镇后面是一望无际的大海，海边便是大名鼎鼎的黑沙滩。黑沙滩真的很黑，黑得深邃、通透，有种一尘不染的神秘感。这是维克乃至冰岛最受欢迎的拍照打卡地之一，也是“全球十大最美丽的海滩”之一。

站在红顶教堂的山坡上，可以使红顶教堂、维克镇中心以及黑沙滩上的海中礁石同框出现。

❖ 维克全景

❖ 黑沙滩

夜色下的黑沙滩更显神秘和恐怖。

这里的洋面上矗立着一群黑色玄武岩柱，如同中国的笔架山一样，名叫雷尼德兰格海蚀柱。相传，它们本是巨怪，被阳光照耀后凝固成巨石，从此矗立于海上，被海浪冲刷，成为黑沙滩的一道网红打卡风景。

❖ 雷尼德兰格海蚀柱

黑沙滩源于海底火山爆发

黑沙滩因远古时期的一次海底火山爆发而形成，熔岩与海底的泥层被翻出地面，高温岩浆遇海水后迅速冷却，经海风和海浪千万年的侵蚀，大西洋岸边的岩壁被岁月蚀刻成一个个多棱的、悬竖着的柱体，它们整齐、有序地排列着，看上去与风琴有几分相似，故被称为风琴岩峭壁；有部分玄武岩则变成了玄武岩颗粒，最后变成今天绵绵不绝的黑沙滩。这些黑沙颗粒没有杂质，也没有淤泥尘土，捧起一把，满手乌黑，轻轻一抖，黑沙四散，手上却纤尘不染。

还有部分玄武岩在大自然的精心雕刻下形成岩柱群——雷尼德兰格海蚀柱，矗立在海边，相传它们本是巨怪，被阳光照耀后凝固成巨石，从此矗立于海上被海浪冲刷，与风琴岩峭壁一起成为维克黑沙滩的一道打卡风景。

外星题材影片的取景点

❖ 红顶教堂

红顶教堂是维克的地标性建筑。

黑沙滩是纯黑色的沙地，沙子有点儿粗糙，但近海的地方沙子非常细，色泽乌黑且晶莹透亮，白浪涌逐沙滩，黑白分明，形成强力的反差。当狂风卷着暴雨排山倒海般扑向沙滩时，天地之间只剩一片茫茫的黑色和白色，仿佛世界末日，神秘又诱人，让每个看风景的人都觉得恐怖，这里也因此成为很多外星球题材影片的取景点。在黑沙滩美丽的背后又暗藏凶机，每年的旅游旺季，这里都有游客被海浪卷走，消失在一望无际的北大西洋中。在维克以及黑沙滩的醒目位置竖有游客警示牌，提醒人们千万不要靠近大海，以防不测。

维克除了有黑沙滩的神秘之美外，它与雷克雅未克之间由冰岛国家一号公路贯穿，沿途有火山、瀑布、河流、湖泊、冰川等，可以使人感受到大西洋的壮阔和渗到骨子里的浪漫，让人仿佛每一秒都置身于梦境中。

黑沙滩上最神奇的风景是一座风琴岩峭壁，又被称作玄武岩石墙，形如人为刻凿和拼接的大块岩石，呈棱柱形排列成风琴状，耸立在海浪之中，令人惊叹不已。

❖ 风琴岩峭壁

胡萨维克

欧　洲　观　鲸　之　都

在冰岛有很多可以观鲸的地区，胡萨维克是其中最著名的、看到鲸的概率最大的地方，这里到处都有关于鲸的传说和文化。

胡萨维克是冰岛北部临斯乔尔万迪湾的一个美丽小镇，在雷克雅未克东北约48千米处，是冰岛第一个有人（挪威人）定居的地方。

鲸是小镇唯一的主题

胡萨维克是一个人口只有约2500人的小镇，是周围的小农场和养羊区的商贸市场和购物中心。不仅如此，小镇还有飞机场、渔港。

胡萨维克依山傍海，小船和木屋相互映衬，构成一幅多彩又舒心的油画。港口是小镇最热闹的地方，小镇中心是一座教堂，显得格外安详而宁静。

❖ 色彩斑斓的房屋

❖ 胡萨维克教堂

❖ 鲸鱼博物馆

❖ 胡萨维克处处都有鲸的设计

这里好似一个专门为鲸设计的小镇，无论是机场、渔港、街道、墙壁、地板都有关于鲸的设计：绘画、雕刻、各种手工艺术等，小镇的一切都围绕着鲸这个主题。

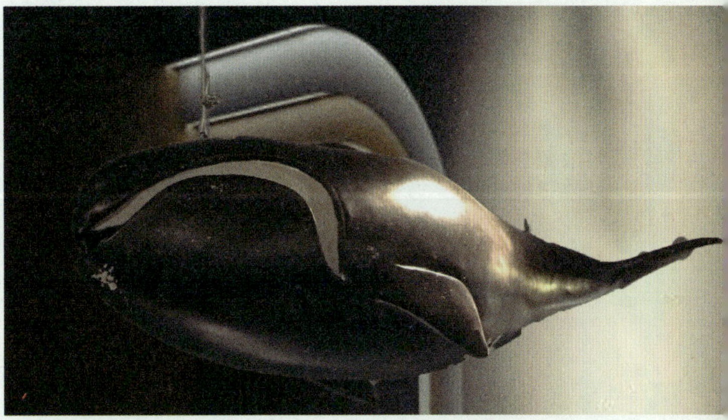

❖ 鲸鱼博物馆的鲸标本

鲸鱼博物馆

胡萨维克的鲸元素无处不在，鲸鱼博物馆则是小镇最大的地标性建筑，从很远处就能看到鲸鱼博物馆外有巨幅的鲸招贴画。

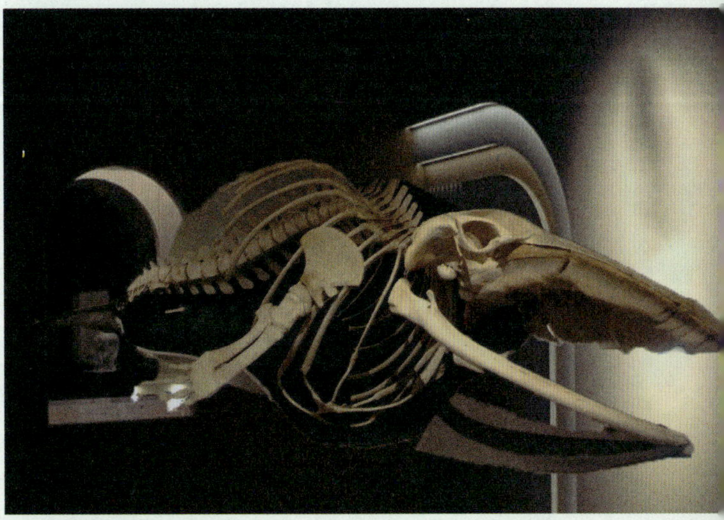

❖ 鲸鱼博物馆的鲸骨架

胡萨维克鲸鱼博物馆是世界上为数不多的鲸博物馆之一。博物馆展厅内展示着不同的鲸骨架、鲸照片和鲸的故事介绍。有一具巨大的座头鲸骨架悬吊在展厅之中，其庞大的身体令人震撼，据说这是世界上唯一一具完整的座头鲸骨架。每头鲸死后都会沉入大

海，形成鲸落，哺育其他的海洋生物，有“一鲸落，万物生”的说法。

胡萨维克鲸鱼博物馆内除了与鲸相关的内容之外，还有各种海洋生物的展厅供游客欣赏，累了可以在咖啡店或图书馆中休息。

❖ 出海观鲸的码头

欧洲观鲸之都

胡萨维克所在的北冰洋海域的海湾中生活着大约 24 种鲸，最常见的有座头鲸、小须鲸、白色突吻海豚、鼠海豚等，是世界上公认的三大极佳观鲸地之一，观鲸成功率可高达 98%，因此被誉为“欧洲观鲸之都”。

胡萨维克还有一个私人的交通工具博物馆，馆内收藏了老馆主历经 30 年的藏品，这些藏品大部分出自冰岛本土。馆内有藏车 90 余辆，还有近百辆汽车露天存放。

胡萨维克最重要的旅游项目就是观鲸，而且去观鲸也很方便，小镇渔港内有很多观鲸船只，付费后船家就会载着你去北冰洋寻找鲸，即便不是观看鲸的季节，也无须担心看不到鲸，因为这些船家很有经验，能准确地找到最佳的观鲸点，甚至有机会近距离接近鲸。

❖ 跃出水面的鲸

费拉

童话般的梦幻小镇

圣托里尼岛是爱琴海中的一颗明珠，它的首府费拉更是一个童话般的梦幻小镇，在这里每走一步都是不同的风景，白房子群、蓝顶教堂、爱琴海……到处都是明信片般的画面。

费拉又称作锡拉，位于圣托里尼岛西部400米高的火山边缘，是该岛的首府，也是岛上最热闹的商业中心。电影《古墓丽影2》曾在这里取景。

从远古时代开始，圣托里尼岛就有人类居住，而最早到达圣托里尼岛的是腓尼基人和多立安人，之后，这里就像其他希腊领土一样，成为罗马人、拜占庭人以及法兰克人的领地，1579年岛屿的控制权落入奥斯曼人之手，直到1912年归希腊管辖，而作为首府的费拉见证了历史的一切。

圣托里尼岛虽然面积不大，却有13个村镇，每个村镇都依山傍海而建，房屋建在悬崖之上，没有完全相同的房屋，小镇弄巷曲折，每一处转角都有独到的惊喜，展现了希腊人创造性的智慧。

“圣托里尼”是13世纪时威尼斯人所命名的。

圣托里尼岛上没有溪流，因此水源短缺。岛上虽有海水淡化厂，但是，岛民依旧会收集降到房顶和天井的雨水，甚至会从其他地方进口淡水。

费拉给人的感觉特别像我国的古镇商业街，到处都是卖东西的，还有各种品牌商店，而且这里会说汉语的人也特别多。

❖ 费拉的蓝白色建筑

❖ 白顶教堂

费拉除了蓝顶教堂外，还有白顶教堂、粉色教堂和黄色教堂，就像童话世界一样多彩。

❖ 费拉的巴士站

圣托里尼岛是世界十大结婚圣地之首，这里的游客大部分都是前来度蜜月的新人，超级浪漫！

圣托里尼当地政府允许毛驴作为交通工具，还有完善的管理规范，违章停驴也会被处罚。

梦幻小镇

费拉是圣托里尼岛的中心小镇，也是圣托里尼岛的巴士中转站和岛上最热闹的小镇。不过整个镇规模很小，街道两旁是教堂、博物馆以及各式各样的商店。小镇房屋的墙全是白色的，屋顶是深蓝色的，沿着爱琴海的一面有无数的别墅、宾馆、咖啡店、酒吧、餐厅，与远处的天空、海洋浑然一体，就像是童话中描写的梦幻小镇一样。

圣托里尼有大大小小上千座蓝顶教堂，当然最多的还是在费拉和伊亚。

❖ 圣托里尼蓝顶教堂

❖ 费拉一隅

❖ 费拉史前博物馆内的展品

❖ 费拉史前博物馆

费拉的两个博物馆

史前时期指的是约 200 万年前到公元前 21 世纪这段时间。

费拉史前博物馆在镇子中心，位于公共汽车站附近，白色东正教费拉大教堂的东南角，修建在毁于 1956 年地震的教堂遗址上。费拉史前博物馆比其他建筑略高，博物馆收藏、展出了圣托里尼岛最早期人类的文物，其中最出名的就是阿科罗提利遗址出土的渔夫壁画和金色山羊雕像。

除了费拉史前博物馆之外，费拉还有一个圣托尼里考古博物馆。两个博物馆相距不远，圣托里尼考古博物馆大量展出了基克拉迪雕像和古希腊、古罗马风格的雕像，以及

❖ 金色山羊雕像

❖ 渔夫壁画

❖ 阿科罗提利遗址中的壁画

公元前约 1500 年，大规模的火山喷发将位于阿科罗提利的整座城市埋在了火山灰下，这反而起到了保护的作用，为现代考古学家留下了一笔“宝贵的财富”。

阿科罗提利遗址

这是一个古希腊克里特文明时期遗留下来的古迹，一度被学者认为是消失了的亚特兰蒂斯居民曾在此居住过的证据。在这里覆盖的火山灰下，发现了一个历史可追溯到前 16 世纪的建筑群遗址，遗址内的墙壁被分隔成许多个房间，房屋外侧还有复杂的水渠系统，由于被火山灰覆盖，完好地记录了 3000 多年前该岛居民的生活情景，具有很高的艺术水平，其中有“春之图”“打拳少年”“渔夫”“航海图”等作品真迹，如今被保存在雅典的国立博物馆中。

很多艺术珍品和价值连城的珠宝，其中也包括大量的阿科罗提利遗址出土的文物。

费拉的博物馆中展出的是圣托里尼岛的古代文明，博物馆外是蓝天、白云、大海融为一体的浪漫之城。这是一个既有浓重历史色彩，又充满轻松、浪漫气息的度假天堂。

❖ 阿科罗提利遗址

伊亚

全世界最佳观赏落日的地方

很多人是从照片中海上那一轮美轮美奂的日落开始认识圣托里尼岛的，而这个让人惊叹的自然美景正是伊亚的日落，因此有“不到伊亚就等于没来过圣托里尼岛”的说法。

伊亚位于海边的悬崖上，是圣托里尼岛的第二大镇，也是岛上耀眼的明珠，被公认为全世界最佳观赏落日的地方。

伊亚的白色房子有独特的希腊风情，其丰富多彩的石板路和石板台阶同样透着爱琴海的味道，与墙面严谨到一丝不苟的纯白色截然不同。

圣托里尼岛最美的公路

从圣托里尼岛的中心镇费拉，有一条公路可直达伊亚，可选择坐出租车、公交车或徒步，还可以选择当地最具特点的交通工具——毛驴，公路沿途一边是层层相连、高低错落的白色房屋，另一边是蔚蓝色的大海，这是圣托里尼岛上最美的风景线，几乎集中了整座岛屿的全部精华和迷人风景。

圣托里尼岛居民的祖先曾在火山岩上挖洞来作为容身之所，到了现代，这种石洞屋也沿用下来，成为这里的一大特色，想要亲身感受圣托里尼岛的浪漫，一定要在白色的石洞屋中住上一晚。

❖ 伊亚美景

❖ 伊亚镇内的艺术品店门口招牌

伊亚就好像北京的宋庄一样，是艺术家之村，许多小店里面的艺术品的艺术造诣都很高。这个店的招牌就是几个爬楼梯欲登天的人。

❖ 石洞屋

石洞屋是伊亚的典型建筑，利用自然留下的石洞进行改造，有着明亮的白色屋顶和蓝色窗户，这里也是看日落的人气景点。

山顶石洞屋

伊亚的中央商业街拥有极具特色又精美的艺术品、工艺品、珠宝以及各种让人眼花缭乱的小东西，是游客购买纪念品的好去处。沿着石板路铺成的曲折小路走走，还能发现很多别致的景色。

不过，在伊亚最让游人感兴趣的是山顶石洞屋，这种被称为“鸟巢”的房屋，不再是原始的黄色穴洞，它们被当地人装修成白色门墙屋顶、蓝彩窗棂的房屋，门口或台阶上会摆上几盆红花，有鲜明的基克拉泽斯群岛的建筑风格。

沿着伊亚主街一直走到尽头，可以看到当地的一个标志——大风车，大风车以前是用来磨粮食的，如今成为一家悬崖酒店，是当地的一处风景，据说也是不错的落日观赏点。

❖ 落日余晖：大风车

❖ 伊亚落日后

最美的落日

伊亚被认为是全世界最佳观赏落日的地方，山顶拥有世界一流的别墅、悬崖酒店，每当太阳开始西斜，悬崖边白色房子的光影，开始随着阳光的变化而变化，成千上万的游客会自动聚集，在酒店的阳台上、岩石边、海边的教堂边，静静地欣赏着落日的余晖……

在太阳落下、余晖消失的那一瞬间，时间仿佛停滞，整个镇子突然变得宁静而安详。大家都被大自然的美景折服，所有人安静地送走夕阳的最后一抹余晖，然后会情不自禁地鼓掌。

伊亚的美难以言表，不是几张图片所能呈现的，只有身临其境才能获得更多的感受——那是一种无法用文字描述的感受。

如今，伊亚几乎是由豪华别墅、悬崖酒店组成的，每座悬崖酒店都具有自己独特的景观和理念，但在整体上又非常协调和高雅，让人感叹伊亚不愧是世界最美的海岛小镇之一，也许没有之一。

❖ 伊亚教堂前的钟楼

卡马里

通　往　精　灵　魔　都　之　门

卡马里拥有迷人的海滩风情，人们可以在这里肆无忌惮地欣赏湛蓝的海天，呼吸新鲜的空气，享受惬意的时光，让自己的心沉醉在美景中。

❖ 蓝白色的房屋

卡马里与圣托里尼岛的其他地方一样，整个小镇都以蓝白色的小房子为主。

卡马里位于希腊圣托里尼岛东部，这里曾经是罗马帝国的海军要塞，如今却成了在圣托里尼岛享受爱琴海风情最主要、最热门的去处之一。

浪漫的不夜城

卡马里曾经是一个以农业和捕鱼业为主要产业的小镇。20 世纪中期的一场大地震，毁掉了卡马里及圣托里尼岛上的一切，也改变了这里人们的生活方式，卡马里利用海边的一处长方形黑沙滩大力发展旅游业。

卡马里在黑沙滩方圆 500 米内修建了几十家旅馆，从最高档的五星级酒店到民舍都有，黑沙滩周围还有商场、餐厅、咖啡吧、酒吧、纪念品店、运动用品店等。日落后的黑沙滩热闹非凡，路边的餐馆散发出诱人的烤鱼味，酒吧里传来劲爆的音乐，让人仿佛置身于一座浪漫的不夜城。和“贫瘠”的圣托里尼岛的红沙滩比起来，这里一片繁荣景象。

❖ 黑色鹅卵石沙滩

❖ 看起来连水都是黑色的

黑沙滩

卡马里黑沙滩，顾名思义，特色是“黑”。圣托里尼岛的火山喷发后，比较重的熔浆冷却形成了黑色的火山石，经长期的海水打磨和风化，形成了无数大小不一的黑色鹅卵石，偶尔有些许白色和红色的石头掺杂其中。

卡马里不仅沙滩是黑色的，看起来连海水都是黑色的，黑得那么清澈、干净，给人一种沁入心扉的清凉感。

圣托里尼岛古名为希拉，后来为了纪念圣·爱莲而改名圣托里尼，它是由一群火山组成的岛环，圣托里尼岛环上最大的一座岛就是圣托里尼岛。

鹅卵石和海水有特色功效

卡马里黑沙滩上的鹅卵石和海水不仅黑得纯粹，行走在小鹅卵石沙滩上，让人有一种做脚底按摩般的舒服感。在太阳暴晒后，光着脚丫踩在沙滩上，更会有“痛并快乐着”的奇妙之感。

如果膝盖或其他关节部位等不舒服，可以拿几块鹅卵石放在疼痛部位，也可以躺在黑

❖ 卡马里黑沙滩

沙滩上晒日光浴，或者干脆将身体浸泡在海水中，据说这里的鹅卵石和海水不仅有美容作用，还有缓解关节炎、治疗风湿、皮肤病等效果。

❖ 卡马里黑沙滩上一处跳水悬崖

拥有爱琴海所有的风情

圣托里尼曾是3500年前火山爆发最活跃的板块之一。

圣托里尼岛上的黑沙滩有很多处，比较有名的黑沙滩有卡马里和佩里萨两处。

卡马里拥有爱琴海所有的风情，这里的海水清澈，非常适合游泳；平整的沙滩黝黑油亮，狭长的沙滩上竖着密密麻麻的稻草太阳伞，供游人休息时使用；很多人更喜欢戴着目镜，在烈日下直接趴着或躺在鹅卵石上，一动不动地享受烈日的烘烤。

随着太阳西移，日近黄昏，沙滩上的人会越来越少，沙滩也会变得安静起来，大部分人会去沙滩边的酒吧或饭店享受圣托里尼式的夜生活，还有些人会一直躺在沙滩上，静待日落，细数满天星辰，期待流星的出现。

卡马里的夜晚在黑沙滩的映衬下，好似开启了一道通往精灵魔都之门，显得格外的诱人。这里的海和天既像有边界，又像浑然一体，所有对它的赞美都显得那么苍白、多余。

❖ 沙滩上的稻草太阳伞

卡斯特罗

最受钟爱的蜜月圣地

在希腊莫奈姆瓦夏海边有一座岩石山离岛，在岩石下方隐藏了一个名叫卡斯特罗的古镇，整个小镇原始古朴，只有一条窄窄的小道通往大陆，这个隐世之地被希腊人称为“最受钟爱的蜜月圣地”。

莫奈姆瓦夏位于伯罗奔尼撒半岛的东南端，是希腊拉科尼亚州的一个城市，卡斯特罗属于莫奈姆瓦夏城的老城区，建在一座高 300 米、全长 1.8 千米的海岛之上，更准确地说是一座巨大悬崖上，整个小镇好像雕刻在岩壁之间，与世隔绝，只有一个出口通往陆地，莫奈姆瓦夏也因此而得名，它在希腊语中就是“一个出口”的意思。

13—14 世纪是莫奈姆瓦夏的黄金时代，当时的卡斯特罗有 8000 多名居民，是拜占庭帝国的行政、宗教和金融中心，拜占庭帝国皇帝有时都住在卡斯特罗上城的古堡中。

莫奈姆瓦夏当地最有名的酒是马尔瓦西亚葡萄酒，它用红、白两种葡萄酿制，味道甜美，是皇室与贵族餐桌上的佳酿，莎士比亚在《理查三世》中也曾提及。奥斯曼人占领这里后禁止生产，酿酒古法已经失传。

新城和老城

莫奈姆瓦夏有 1400 多名居民，大部分住在格菲拉新城，而卡斯特罗的常住人口只有 20 人，最少的时候只有 8 人。

❖ 卡斯特罗的小教堂

❖ 卡斯特罗

❖ 新、老城之间由一座大桥相连

在最繁荣时期，卡斯特罗兴建了40多座教堂，后来在奥斯曼帝国统治时期，不少教堂被奥斯曼人毁掉或改成了清真寺。即便如此，在如今的古镇仍然可以不经意间就能邂逅教堂。

新城格菲拉和卡斯特罗之间有一座130米长的大桥和海堤相连。卡斯特罗的入口处有一座威尼斯风格的城门，城门外是格菲拉，城门内是卡斯特罗。

莫奈姆瓦夏扼守着地中海和黑海，早在公元8000年前就有人类在这座岩石岛上居住，公元6世纪，拜占庭人在岩石离岛这个弹丸之地上建立了卡斯特罗。

❖ 卡斯特罗的入口处

❖ 卡斯特罗的老房子

❖ 卡斯特罗风景

据说来莫奈姆瓦夏的希腊游客中90%都是情侣、新婚夫妇，他们喜欢在古老的历史遗址拍婚纱照，在岛上度蜜月。

上城和下城

卡斯特罗又分为上城和下城，下城在岩石脚下，多是平民居住区，小道上的鹅卵石被几千年的时光打磨得发亮，两旁有各种商店和铁匠铺等。在拜占庭帝国时期，这里最多的时候有800多间房屋，如今大多被修缮成了旅馆、小饭店、咖啡馆、纪念品小店等。

沿着崎岖的鹅卵石小道一直往山顶而去，虽说只有200米高，却非常耗费体力，到达山顶还要经过一道城门才能进入上城。上城建在悬崖绝壁之上，有“一夫当关、万夫莫开”的气势，据记载，上城在战乱时代曾保持了40年不败的纪录，因此有“不可能被攻破的城”之称。

据传说，当年法兰克人曾经出动大军围困卡斯特罗的上城整整3年，双方打得筋疲力尽，直到城堡内弹尽粮绝，才勉强进行了和谈。

❖ 卡斯特罗上城

❖ 卡斯特罗部分未被修复的废墟

1911 年，最后一位居民离开后，卡斯特罗就被废弃了，只留下一些小屋和一座建于 13 世纪的美丽教堂。

卡斯特罗曾经是一个重要港口和军事要塞，经历了西班牙人、法兰克人、拜占庭人、威尼斯人和奥斯曼人轮番征战后逐渐衰败，现在成为一个旅游胜地，颇受喜爱古迹的游客青睐，小镇中的古堡、鹅卵石小道、教堂、海滩、咖啡馆等让它成为许多年轻人心目中的爱琴海浪漫之地，因而有“最受钟爱的蜜月圣地”之称。

位于上城的圣索菲亚教堂建于 12 世纪，是一座四方形的拜占庭式建筑，被认为是伊斯坦布尔圣索菲亚大教堂的缩小版。它是卡斯特罗的世界遗产之一。曾经被改成清真寺、天主教修道院等。

❖ 位于上城的圣索菲亚教堂

米克诺斯镇

实 至 名 归 的 天 堂 小 镇

米克诺斯镇以天堂海滩和风车而闻名于世，时涨时落的海水、小而精美的海滩、引人入胜的小巷和海边洁白的房子，都让它有一种特殊的美。

米克诺斯岛位于地中海沿岸，大约在雅典东南方200千米处，全岛主要由花岗岩构成，海拔364米，是组成基克拉泽斯群岛的岛屿之一。它四面环海，风景宜人，被西方游客称为“最接近天堂的小岛”。希腊神话中说，米克诺斯岛是由被大力神赫拉克勒斯杀死的提坦巨人克洛诺斯破碎的身体形成的。

米克诺斯岛每年的最佳游玩时间是4—10月，期间不仅可以领略独具风情的海岛风光，感受浪花飞舞，还可以漫步在葱郁山林中，静静地感受大自然的美妙。

米克诺斯岛传说

在古老的希腊神话中，米克诺斯岛是宙斯和提坦族发生战斗的地方。

克洛诺斯是天神乌拉诺斯和大地女神盖亚所生的最小的儿子，是提坦十二神中最年轻的一个，后来推翻了他父亲乌拉诺斯，成为第二个统治全宇宙的天神。克洛诺斯担心他的孩子也会和他一样弑父，抢夺天神之位，于是，子女一出生，就被克洛诺斯吞进肚里，只有宙斯幸免。

宙斯成年以后，逼迫父亲克洛诺斯吐出了被吞进肚子的众兄弟，成为奥林匹斯神族的首领，并率领兄弟与以克洛诺斯为首的提坦神族作战，这就是有名的“提坦之战”，双方厮杀整整10年而未分胜负，直到宙斯释放被关押的独目神和百臂神。

在独目神和百臂神的帮助下，奥林匹斯神族取得了最终的胜利，克洛诺斯被宙斯的儿子大力神赫拉克勒斯斩杀，提坦巨人克洛诺斯的骸骨落在爱琴海中，形成了米克诺斯岛。

赫拉克勒斯是宙斯的儿子，天生力大无穷，是古希腊神话中最伟大的英雄。

❖ 赫拉克勒斯

提坦又称为提坦巨人、泰坦、泰坦巨人，是希腊神话中天神乌拉诺斯和大地女神盖亚的子女，是曾统治世界的古老神族。他们在克洛诺斯的带领下夺取了天神乌拉诺斯的权力，后来，又被以克洛诺斯的儿子宙斯为首的奥林匹斯神族取代。

❖ 克洛诺斯

❖ 帕拉波尔提亚尼教堂

帕拉波尔提亚尼教堂由 5 座独立的礼拜堂组合而成，最高的那一座建于 1425 年，其他的都是 16—17 世纪兴建的，如今是米克诺斯岛的标志，为拜占庭风格，是纯白色教堂，它是米克诺斯岛上 365 座教堂中最具盛名的一座，人们亲切地称其为棉花糖教堂或冰激凌教堂，因为它的外表像一团棉花或一个融化的冰激凌。

八阵图一般的米克诺斯镇

考古学家发现大约在公元前 11 世纪，古希腊人已经在米克诺斯岛上生活。根据最近的发现，岛上有人类居住的历史甚至可以追溯到公元前 3000 年的新石器时代。

米克诺斯岛上的小镇叫米克诺斯镇，小镇中有各种中世纪建筑和防御工事，街道十分狭窄，蜿蜒曲折，村庄错综复杂，如同迷宫一般。这里的房子大多是蓝白色的，门窗、阳台都是红、黄、蓝、绿五彩斑斓的色调，两者形成鲜明的对比，别具一格。

❖ 米克诺斯镇迷宫般的小路

米克诺斯镇如同诸葛亮的八阵图一般，即便是手拿地图比对着，也很容易迷失方向。

据说，在米克诺斯镇狭窄的街道中还散布着 365 座家族式的小教堂。窄巷、小白屋、多彩的门窗、小教堂，便是米克诺斯镇的代名词。

❖ 5 座基克拉泽斯式风车

500 年历史的风车

❖ 天堂海滩

米克诺斯岛的半山腰有 5 座基克拉泽斯式风车，建于 16 世纪，有 500 多年的历史了。风车的屋顶用茅草覆盖着，原来是用来碾碎谷物的，随着科技的发展，早已失去了实用价值，已停止使用。这 5 座风车现在化身为独具米克诺斯风情的地标，成为摄影爱好者的最爱，不管是午后斜阳照出的美丽光影，还是日落后随风车升起的暖黄灯光，都是令人陶醉的绝佳摄影题材。这里还可以俯瞰米克诺斯岛的美景，爱琴海上的海鸥以及岛上独具特色的白屋尽收眼底。

爱琴海的海岸线非常曲折，港湾众多，共有大小约 2500 座岛屿。爱琴海中的岛屿大部分属于西岸的希腊，一小部分属于东岸的土耳其。

❖ 小威尼斯

小威尼斯除了有欣赏米克诺斯岛绝美夕阳的地理优势外，还可以随性点上一杯小威尼斯特调的鸡尾酒和海鲜料理，在夜幕中欣赏海天一色及沿岸灯火通明的璀璨景色。

全岛最美丽的角落

在米克诺斯镇的尽头有几排建在海岸边岩石上的小房子，涨潮时，海水几乎浸没了房子的基石，这些朝着大海而建的房子源于16—17世纪，当时这片海域海盗活动猖獗，为了将货物快速装船，人们建造了这片海边建筑，以便船只能快速靠岸装卸货物，它们因类似威尼斯的水城建筑而被称为“小威尼斯”，如今这些靠海的房子大多成为餐厅或咖啡馆，是全岛最美丽的角落。

天堂海滩：世界十大海滩之一

米克诺斯岛的天堂海滩名列“世界十大海滩”之一，这里的各种海边设施俱全，露天酒吧、开放式餐厅、露营地、寄物柜、租车服务、淋浴房、更衣室、厕所及往返天堂海滩的公交车应有尽有，俨然像一个小型度假中心。每到夏天，

在米克诺斯岛，可在专业的潜水机构教练陪同下进行潜水活动，即使没有潜水经验也不用担心。在米克诺斯岛的东南方水下25米处有一艘“安娜二世”号沉船，该船是一艘长62米的货船，已经完全和海洋融为一体，成为珊瑚和各种鱼类的大本营，适合潜入内部探索。

❖ 探索“安娜二世”号沉船

❖ 米克诺斯岛美景

这里的游客数量就会激增，它是米克诺斯岛上最受欢迎的海滩，也是世界知名的天体海滩。因为游客众多，这里如今没有那么多裸体日光浴者，他们去了另外一个不远处的私密海滩——超级天堂海滩，无拘无束地享受着“天体浴”，这里不许随便拍照，否则很容易被揍。

很多人说在米克诺斯岛睡觉实在是一种浪费，因为它的活力是无穷的，就像奔流不息的血液，这里的夜晚热情四溢。

鹈鹕佩德罗

如果运气好，当你在米克诺斯镇的海边餐厅或咖啡店享受美食的时候，会邂逅几只大鸟，它们会悠闲地溜达到你的餐桌旁，很优雅地叼起你的食物，可爱而放肆地摇摇头而去……这就是当地的吉祥物鹈鹕。

相传，1954 年，米克诺斯岛经历了一场大风暴，海岛很多地方都成了废墟，这时飞来了一只鹈鹕在岛上安家，陪伴岛民重建家园，岛民为它取名佩德罗，从此鹈鹕成为这里的吉祥物，原来的鹈鹕佩德罗早已老死，岛民对它怀念不已，于是佩德罗的孩子佩德罗二世、三世……成为米克诺斯岛新的吉祥物，传奇一直延续了下来。

米克诺斯镇将优雅、精致的气息发挥到了极致，这里既时尚迷人，又悠闲自在。爱琴海的蓝天、白色的小屋、优质的海滩和平缓的山崖，让米克诺斯镇仿佛镀上了一层迷幻色彩，被誉为“爱琴海上的白宝石”“爱琴海上璀璨的明珠”等。

❖ 鹈鹕佩德罗

如今，鹈鹕们常在镇上漫步，或干脆堵在餐馆门口，在被好心人喂饱之后才心安理得地离去。

博德鲁姆

充　满　艺　术　气　息　的　小　镇

博德鲁姆是一个充满艺术气息的小镇，雄伟的城堡、波光粼粼的码头、鲜花盛开的咖啡馆和整洁的小巷，到处都洋溢着独特的气息。

❖ 小城内充满艺术气息的指示牌

博德鲁姆的物价很低，商业气息也不重，没有到处促销的牌子，更没有大声呼喊招揽客人的店员，有的只是美景与实惠。

博德鲁姆位于土耳其博德鲁姆半岛的南部海岸，处在爱琴海与地中海的分界线上，是地中海入口处博德鲁姆湾上的一座小城。

充满艺术气息

博德鲁姆是爱琴海边一个特别靠近希腊的小镇，因此这里的建筑有很强烈的希腊风格，几乎每栋房屋都朝向海湾，而且几乎都有观景阳台，每一条小巷的尽头都是同一个海湾、同一片大海。

博德鲁姆曾是一个避世一隅的小渔村，也是希腊“历史之父”希罗多德的出生地，而让这个小渔村被世人所熟知的是 20 世纪 20 年代土耳其的作家和历史学家介瓦特•沙基尔•卡巴阿阿赤勒（也被称为哈利卡那索斯渔夫）。他因异见被

❖ 博德鲁姆湾

流放至此，却很快爱上了这里，他在自己的文章中称这里为艺术沙龙，影响了整整一代土耳其的知识分子、作家和艺术家，吸引他们纷至沓来，让这个小渔村变成了富有浓郁艺术气息的小镇，小镇海边的广场上至今还有他的塑像。

在这些艺术家的影响之下，博德鲁姆形成一种昼静夜欢的生活方式。每当夜幕降临，博德鲁姆就开始变得热闹起来，餐厅、酒吧、夜总会、迪厅等任何一个地方都能让人狂欢到天亮。

摩索拉斯陵墓

公元前370年左右，博德鲁姆名为哈利卡那索斯，是当时波斯帝国卡里亚地区的首府，摩索拉斯是当地的总督，他在此地修建了城墙、公共建筑、造船厂和运河等。公元前353年摩索拉斯逝世，他的遗孀为纪念他而建造了一座高达45米、外墙壁雕刻花纹的白色大理石陵墓，称为摩索拉斯陵墓，被认为是古代世界七大奇迹之一，今日英语中“陵墓”（mausoleum）一词即源自摩索拉斯的名字。

❖ 博德鲁姆城堡

❖ 白色的麦当劳

博德鲁姆到处都是白色的房子，就连红色主调的麦当劳也不得不入乡随俗，店铺外面是白色主调的外墙，这是很少见的。

大理石雕成的亚马逊族女战士的浮雕，如今保存在大英博物馆。

❖ 亚马逊族女战士的浮雕

❖ 摩索拉斯陵墓辉煌的样子

❖ 摩索拉斯陵墓遗址

摩索拉斯陵墓毁于3世纪时的一次地震，古代作家常说摩索拉斯陵墓像银白色的云团高悬在城市上空。15世纪初，十字军为了在博德鲁姆湾建造圣彼得解放者城堡，将陵墓的石材及陵墓内外的装饰都拆了下来，作为建筑材料，使摩索拉斯陵墓的地上部分全部消失。

博德鲁姆城堡（古堡）

圣彼得解放者城堡即是如今耸立在博德鲁姆湾入口处的博德鲁姆城堡（古堡），是15世纪十字军东征时期的典型建筑，目前该城堡（包括周围的5座塔楼）已全部被改造成了博德鲁姆水下考古博物馆。

博德鲁姆城堡是小镇厚重历史的象征，它孤单地伫立在爱琴海的蔚蓝海湾之中，与它做伴的是各式各样价值不菲的游艇。登上博德鲁姆城堡，可俯瞰整个博德鲁姆湾，也可远眺沿海湾而建的博德鲁姆，景色宜人。

❖ 博德鲁姆城堡斑驳的城墙

索波特

繁　华　与　清　冷　并　存

索波特是一个气质独特的海边小镇，既繁华又清冷，既多彩又充满原生态，如同一位傲娇的美人，充满了诱人的魅力。

索波特是一个位于波罗的海南岸、波兰北部格但斯克湾内的海滨城镇，它与格但斯克、格丁尼亚组成的三联市名列波兰第四大都会区。索波特与瑞典隔海相望，是波兰最大、最出名的度假胜地。

索波特的历史

索波特、格但斯克、格丁尼亚的面积都不大，在 10 世纪左右形成一个个小渔村，村民们一直过着安逸的生活。唯独

索波特灯塔曾是波罗的海南部海上船舶的导航灯塔，如今已经不具备导航功能，成为一个旅游景点。

❖ 索波特灯塔

索波特博物馆靠近索波特海边，里面有大量关于索波特的历史展品，以及被德国占领后小镇被称为“Zoppot”的历史记录。

❖ 索波特博物馆

格但斯克没那么幸运，自从 1308 年被条顿骑士团征服后，就成为一座重要的港城，因为它位于维斯瓦河的入海口，是波兰最理想的出海口，同时也是连接东普鲁士地区和德国大部分领土的咽喉要地，被德国和波兰反复争夺。后来，格但斯克被列为国际管理的自由市，波兰失去了出海口，于是就将格但斯克北面的索波特和格丁尼亚打造成了海港。

❖ 威廉二世

威廉二世（1859—1941 年），末代德意志皇帝和普鲁士国王以及霍亨索伦家族首领，1941 年在荷兰的多伦病逝，被葬于多伦庄园。

索波特就是流动的泉水

索波特这个名字来自古老的斯拉夫语，意思是“流动的泉水”。早在索波特还是一个渔村的时候，这里的温泉就被附近村镇的居民喜爱。16 世纪初，索波特的温泉开发已经非常完善，以至于格但斯克的贵族纷纷来到索波特建立自己的温泉庄园。20 世纪初，在被德国统治时期，德皇威廉二世经常带着家人、大臣来此泡温泉。如今，索波特的温泉更是远近闻名，波兰及其周边的游客纷纷慕名而来。

❖ 当地有名的五星级大酒店

❖ 有白色扶手的木栈桥

欧洲最长的木栈桥

索波特有一个有名的栈桥码头，码头上有一座长达650米、有白色扶手的木栈桥，它不仅是波兰，也是全欧洲最长的木栈桥。木栈桥建于1827年，百年后又进行了扩建，才有了如今的规模，栈桥码头从索波特海滩中部笔直地插入大海，非常壮观。

栈桥码头是当地有名的游乐码头，既是世界帆船锦标赛的重要一站，也是每年举办铁人三项赛的重要地点。木栈桥靠海的部分是游船码头和餐厅，桥下两边是美丽的海滩，栈桥四周经常会举办各种文化活动等。

游客既可以在美丽、干净的海滩上静静地观景或肆意戏水，也可以在酒吧浅酌啤酒，或在咖啡店品尝咖啡，或约三五好友一起户外烧烤；还可以迎着海风在木栈桥上漫步，欣赏波罗的海的美丽日出和日落。

蒙特卡西诺英雄街是为了纪念蒙特卡西诺战役而得名的，1944年，由波兰战士组成的海外军团攻克了纳粹德国占领的蒙特卡西诺。

传奇熊 Wojtek 曾参与此战，战争中 Wojtek 曾英勇地为炮兵运送炮弹，因而成为传奇，战后，波兰第22炮兵连将 Wojtek 抱着炮弹的形象指定为正式徽章。

❖ 炮弹熊徽章

扭曲的房子

在索波特的蒙特卡西诺英雄街（53号）中部有一座奇特的房子，非常值得一看，这是一座扭曲的房子，被评为“世界十大奇特建筑”之一。

“扭曲的房子”又名扭扭屋，是由一家波兰公司设计的，设计灵感来自瑞典画家达赫伯格的作品，同时借鉴了波兰画家闪采尔的童话插图和西班牙设计大师高迪创作的建筑作品等。“扭曲的房子”在2003年面世，楼身呈扭曲的褶皱形，就像一座喝醉酒后醉态可掬的卡通房子，当年就获得了商业中心建筑年度奖。如今，“扭曲的房子”是一家生意兴隆的购物中心的附属建筑，已成为当地的著名旅游景点。

“扭曲的房子”共有3层和一个阁楼。一层有快餐店、咖啡厅和游戏厅；二层除了旅游纪念品店外，还有一个带电动舞台的餐厅，在这里经常举行音乐会；三层和阁楼是办公室和一个开放式大画廊。

❖扭曲的房子

安加罗阿

最神秘的岛上的唯一小镇

复活节岛的巨人石像和奇异风情吸引了无数游客不远万里来到这里探索史前文明，安加罗阿则是开启复活节岛神秘之旅的第一站。

复活节岛位于南太平洋东部，现属智利共和国的瓦尔帕莱索地区。它的形状近似三角形，由3座火山组成，面积约为162平方千米，它离大陆和其他岛屿的距离都很远，离最近的有人居住的皮特开恩群岛有2075千米，是一座孤悬于太平洋上且有人居住的小岛，也是最与世隔绝的岛屿之一。

最早发现复活节岛的是英国航海家爱德华•戴维斯，他于1686年第一次登上这座小岛，将这里称为“悲惨与奇怪的土地”。

复活节岛的机场简陋、简单、简约，停机坪很小，仅能停留一架飞机，机场到安加罗阿大约有10分钟车程。

悠闲的安加罗阿

安加罗阿位于复活节岛西海岸的南部，是复活节岛上的唯一城镇。它的面积不大，仅有3000多名居民，

❖ 安加罗阿附近的小海湾

❖ 安加罗阿的天主教堂

但麻雀虽小，五脏俱全，小镇不远处有海港、机场，被认为是开启复活节岛神秘之旅的第一站。

安加罗阿仅有一条南北走向的街道（阿塔穆·特克纳），街道两边几乎集中了整座岛屿上的酒店、餐馆、商店、超市、手工艺品市场和各类服务场所。街道的尽头有一个广场，向左是港口，向右是镇上的天主教堂，教堂内有许多精致的雕塑。

❖ 天主教堂的雕塑

安加罗阿有蓝蓝的天、静谧的街道，一切都显得从容不迫，来到这里的人唯一的目的就是游览复活节岛，在小镇上逗留也仅仅是为了住宿、就餐和购买纪念品，因此，即使在旅游旺季，小镇也保持着悠闲的节奏。

❖ 拉诺卡乌火山

复活节岛的拉诺卡乌火山边缘陡峭，脚下的路都是细碎的砂石，火山湖中央铺满南美洲独有的浮萍，明暗之下是沼泽，呼啸吹过的风让人有摇摇欲坠的错觉。

巨人石像之谜

复活节岛上最具神秘色彩的物品莫过于巨人石像（摩艾石像），全岛已知约有 887 尊巨人石像，其中 600 尊整齐地排列在海边。

巨人石像一般高 7~10 米，重约 90 吨，头较长，眼窝深，鼻子高，下巴突出，耳朵较长；它们没有脚，双臂垂在身躯两旁，双手放在肚皮上；有的石像还戴着用红色岩石刻成的帽子，有的石像身体上刻有奇怪的文身般的图案。这些石像有的竖立在草丛中，有的倒在地面上，有的竖在祭坛上。除此之外，还有比这些石像大一倍的石像，但它们多是半成品，被遗弃在石场中。

据考证，这些石像在公元 400 年就出现在岛上，但是岛上原住民的历史记载中并没有雕刻巨石的记录，而且石像的长相也不像当地人，那么这些巨人石像是谁？又是谁雕刻的？为什么雕刻呢？

当地人将这些石像称为“毛阿依”，石帽叫“普卡奥”，放石块的平台叫“阿胡”。

❖ 巨人石像

难道是被包围了

复活节岛被最早的居民称为“拉帕努伊岛”或“赫布亚岛”，意即“世界之脐”。

1722年4月，荷兰探险家、海军上将雅各布·罗格文率领3艘战舰航行在南太平洋东部，他们在狂风巨浪中颠簸了数月之久。4月22日，他们在暮色中突然发现一座航海图上没有标记的岛屿。

罗格文在兴奋和好奇下，指挥船只向小岛靠去，然而，他们发现岛上黑压压地站立着一排排巨人，“难道是被包围了？”罗格文一行人疑惑了，“这些巨人怎么一动不动？”当再靠近一看，原来是数百尊硕大无比的巨人石像。

因为这一天正好是西方的复活节，所以罗格文把这座小岛命名为“复活节岛”，意思是“我主复活了的土地”。

❖ 拉诺拉拉库

复活节岛的拉诺拉拉库山坡上散落着很多巨人石像，据说岛上的石像都是从这里运过去的。

朗戈朗戈木板之谜

复活节岛因巨人石像而闻名于世，此外，岛上还有无数不解之谜，如朗戈朗戈木板之谜。

位于复活节岛的阿胡通伽利基有一排15尊巨人石像，尽管高矮胖瘦都不尽相同，但个顶个的是啤酒肚，石像的手还收在小腹位置，捧着鼓鼓的肚皮，有的戴着帽子，有的没有戴帽子。这是复活节岛上的网红打卡之地。

❖ 阿胡通伽利基的巨人石像

❖ 戴帽子的石像

石像戴上帽子被认为是一种权力的象征。

“朗戈朗戈”是一种深褐色的浑圆木板，有些像木桨，上面刻满了一行行图案和文字符号：有长翅两头人；有钩喙、大眼、头两侧长角的两足动物；有螺纹、小船、蜥蜴、蛙、鱼、龟等幻想之物和真实之物。因宗教和战乱，“朗戈朗戈”如今几乎绝迹，而且岛上已找不到懂这种文字符号的人了。

专家们认为“朗戈朗戈”是“会说话的木头”，是揭开复活节岛古文明之谜的钥匙。

“朗戈朗戈”是在太平洋诸岛所见到的第一种文字遗迹，其符号与古埃及文相似。

❖ 朗戈朗戈木板拓片

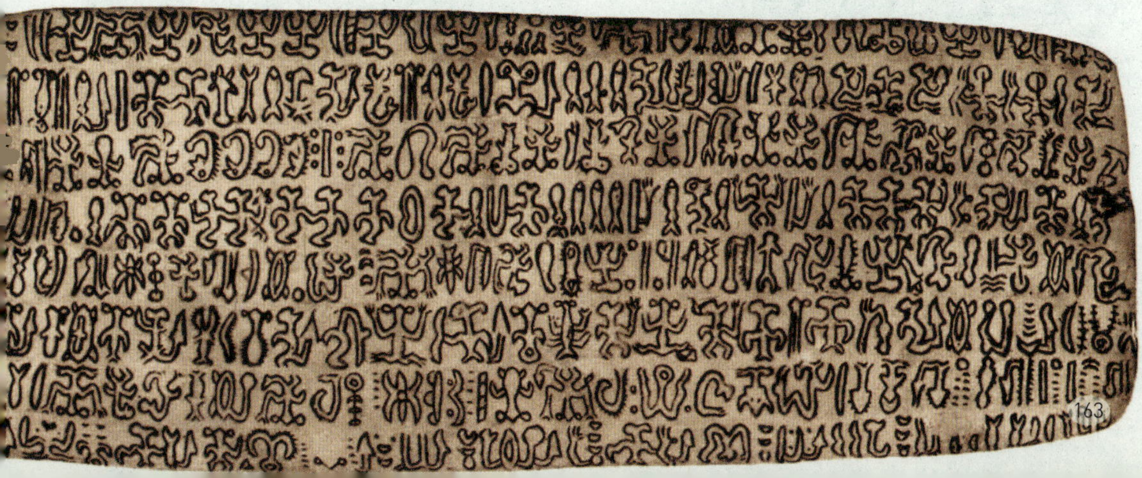

❖ 鸟瞰复活节岛

鸟瞰复活节岛，其大大的火山口形如太平洋上的肚脐眼。

“世界的肚脐”之谜

复活节岛的原住民们称该岛为“世界的肚脐”，这个称呼是他们的祖先留下来的，可是他们为什么会用这么奇怪的名字来称呼这座岛屿呢？或许“世界的肚脐”不是指全岛，仅指岛上的火山口，那就没什么神秘之处了。后来，当人们乘坐飞机从复活节岛上空飞过时，才发现复活节岛孤悬在浩瀚的太平洋上，就如同一个小小的肚脐眼。问题是古人是如何能从高空鸟瞰到这个肚脐眼的？难道他们也能从高空鸟瞰到这座岛屿？

传说，古拉帕努伊人当年登陆复活节岛时，从原先居住的岛屿上搬来了5颗圆形滚石，象征着“我们搬家到这里啦”，有祈福的寓意。然而，这么大的圆形并带有磁力的滚石，是如何制造和运来的？这也是岛上的一个未解之谜。

❖ 5颗有磁力的圆形滚石

从生物天堂到荒无人烟

大约公元 400 年，拉帕努伊人漂流到复活节岛，这时的岛上是生物天堂，不仅有大片的棕榈树林，还有许多珍稀动物，远处海洋里有海豚和海鸟，刚移居到这里的拉帕努伊人无须劳作就能衣食无忧。

可随着人口增多，因为争夺资源，开始有了战争，甚至因为粮食不足，开始人吃人。公元 1500 年左右，岛上的森林开始消失，直到被罗格文发现时，复活节岛已然显得有些荒无人烟了。

后来，由于奴隶贸易的出现，复活节岛上的拉帕努伊人被殖民者俘虏贩卖，很快岛上仅存的 2000 多人也在 5 年之内，因贩卖、疾病、宗教迫害等，锐减到了 111 人。直到 19 世纪末，智利政府宣布占领复活节岛后，人口才开始增长到如今的 3000 多人，因此这里被称为“世界上最孤独的地方”一点儿也不为过。

❖ 鸟人村遗址

鸟人村位于复活节岛的西部，如今只剩下村落遗址，还有刻在石头上的文字。相传，古时候，每当选举头领的时候，岛上的各个部落都会聚集到海边的一个小村，派勇士去距离复活节岛不远的两座礁屿上取一枚鸟蛋回来，谁先取鸟蛋回来，即可成为鸟人，也将是这座岛的统领。而这个聚集的小村就是鸟人村。

复活节岛的地面崎岖不平，覆盖着深厚的凝灰岩，海滩上多是岩石，悬崖峭壁遍地都是，岛上只有 3 个海滩，沙子非常干净。

关于巨人石像有一种说法：在古拉帕努伊时代，每一位酋长在临死之前都会命人用石头按照自己的模样雕刻一尊石像。待酋长死去后，部落的人会将雕刻好的石像竖立在埋葬着已逝酋长的土地之上——这就是巨人石像的作用。

卡波圣卢卡斯

隐 藏 在“ 地 球 的 尽 头 ” 的 古 镇

卡波圣卢卡斯曾经很原始并与世隔绝，后来因“地之角”和“爱情滩”而闻名天下，这里的海水清澈湛蓝、怪石林立，恍如人间仙境。

卡波圣卢卡斯是墨西哥最受欢迎的度假胜地之一，也被称为“北美后花园”。古墨西哥人认为，“到了圣卢卡斯角，就到了地球的尽头”，而这个尽头即在卡波圣卢卡斯最东南端的极点海边。

下加利福尼亚半岛位于墨西哥西北部的墨西哥湾与太平洋之间。

到了圣卢卡斯角，就到了地球的尽头

下加利福尼亚半岛是世界上最狭长的大半岛，形如长长的手臂，它从墨西哥的西北角向东南延伸，全长1200余千米，因此有“墨西哥的瘦臂”之称。卡波圣卢卡斯就位于半

❖ 圣卢卡斯角美景

岛的最东南端，古墨西哥人由于交通和通信落后，要想从“瘦臂”最北端到达最东南端非常不易，因此，他们认为三面被太平洋包裹的圣卢卡斯角就是地球的尽头。

❖ 镇中心的圣卢卡斯教堂

卡波圣卢卡斯

据说圣卢卡斯角在1.4万年前就有人类居住，但直至20世纪，当地的小渔村才发展成一个典型的海边小镇——卡波圣卢卡斯。

卡波圣卢卡斯不大，常住居民只有几万人，镇中心是广场，广场边有一座建于16世纪殖民时期的老教堂——圣卢卡斯教堂，据记载教堂曾经的占地面积庞大，现在剩下的只是原来的很小一部分。连接广场的街道上布满了各种画廊和工艺品商店，充满了艺术气息。

沿着小镇街道，可以直接走到圣卢卡斯港，港内一片繁华景象，停满了花花绿绿的帆船、豪华游艇，有的游艇上还停着直升机，奢华至极。

卡波圣卢卡斯因两处自然奇景而闻名天下：一处是被称为“太平洋之门”的圣卢卡斯角石拱，另一处是圣卢卡斯角爱情滩。

科尔特斯海又译为哥得斯海，是太平洋深入北美大陆的狭长边缘海。位于墨西哥西北部大陆和下加利福尼亚半岛之间，呈西北—东南走向，北窄南宽，形似喇叭。

圣卢卡斯角石拱

圣卢卡斯角石拱又被称为“地之角”，是“地球的尽头”的重要标志。这是几块因下加利福尼亚半岛伸向大海的山体岩石，长年受海浪冲刷而形成的伫立于海上的巨大岩石，其中最大的岩石下方有一个被海水雕刻出的如拱门般的大洞。

❖ 圣卢卡斯角石拱

当地人认为这是一扇通往永恒的门，热恋的情侣们只要在“拱门”下彼此倾诉对爱情的忠贞，便可以获得永久的爱情。因此，当夕阳快要沉落于太平洋之下时，会有很多人来此祈求好运或者爱情。

太平洋的海水和科尔特斯海的海水在“拱门”处汇合，形成巨大的浪花和迷蒙的水雾，随风掀起冲向石拱，发出隆隆巨响，甚为壮观，“太平洋之门”由此得名。

圣卢卡斯角爱情滩

圣卢卡斯角爱情滩是一处位于圣卢卡斯角石拱和海岸之间的海滩，这片金黄色的海滩也是经过长年的海水冲刷而形成的。它的面积不是很大，南北最长的地方千余米，东西宽

圣卢卡斯角爱情滩是享受纯正日光浴的绝佳地方。

❖ 圣卢卡斯角爱情滩

❖ 鸟瞰圣卢卡斯角爱情滩

❖ 圣卢卡斯角奇怪的岩石
海中巨大的岩石中间有一条小缝，从缝隙中看过去就是一望无际的太平洋，看上去非常壮观。

圣卢卡斯角的水况复杂，很多不能下水的海滩都有警示标志。
❖ 海边警示牌

大约500米，南北两边被峭壁包围，东边是科尔特斯海，西边是太平洋。这里风浪很大，海滩东西两边的海水时常会同时扑打上海滩，融合后沁入海滩，就像情侣亲密接吻，因此而得名“爱情滩”。

❖ 圣卢卡斯角有巨石的海滩

神奇有魅力的地方

卡波圣卢卡斯有一种神奇的魅力，除了有名的“地之角”和“爱情滩”之外，还有大大小小、密密麻麻的明礁暗道，海岸线上遍布众多被侵蚀和风化的岩洞和石孔。它因这种特殊的地形而曾经成为海盗们的天堂，海盗们将劫掠而来的财宝藏匿于岩洞中，让围剿的官兵束手无策。如今，这片海域已经没有了海盗，那些怪石和岩洞成了海鸟、海豹的栖息地。

卡波圣卢卡斯有奇形怪状的岩石、美丽多变的海湾、柔软浪漫的爱情滩、多种多样的海洋生物，港口里停满了游艇，周围酒店、酒吧林立，不论是在港湾漫步还是在酒吧短暂休憩都会让人惊喜不已。在这里还可以进行各种各样的活动，如坐香蕉船、帆船运动、浮潜、风筝航海和骑马等。

在墨西哥，接受服务后要给小费。吃饭的账单上会写明建议小费为 10%~20%，一般给 10% 就够了。

❖ 停满游船的港口

❖ 港口的卡波（Cabo）标

帕拉蒂

最 “懒” 的 小 镇

帕拉蒂是一个拥有浓浓历史记忆的小镇，环抱着海湾，宁静而脱俗，是巴西一个有名的文化旅游胜地，也是电影《暮光之城》中贝拉和爱德华在巴西度蜜月的地方。

在巴西里约热内卢和圣保罗州交界处有一个精致的小海湾——帕拉蒂湾，帕拉蒂镇就位于此。

“黄金之路”的起点之一

帕拉蒂湾是巴西被葡萄牙殖民时期最重要的港口之一，也是向欧洲运送矿产的“黄金之路”的起点之一。

1696 年，葡萄牙殖民者在帕拉蒂湾不远处发现了金矿，为了开采金矿，大量的非洲奴隶被带到了帕拉蒂湾，帕拉蒂湾变得繁华了起来，逐渐形成了一个小镇。为了让工人能够专心采矿，葡萄牙人大规模扩建了帕拉蒂。在长达百年的时间里，人们沿着海岸兴建起一座座民宅、教堂，并把葡萄牙的文化引入小镇。18 世纪末期，金矿被挖完后，帕拉蒂回归宁静。如今，帕拉蒂不仅有葡萄牙殖民时期修建的鹅卵石街道、教堂、木头建筑，还有色彩鲜艳的住宅、各式各样的艺术画廊、手工艺品小店、餐厅和咖啡馆，颇具滨海城镇风格。

❖ 意大利航海家亚美利哥

1500 年 7 月，亚美利哥发现了南美洲东北约 1200 千米长的海岸线，亚美利哥航行到今天的帕拉蒂海湾时，在航海日志中写道：“哦，上帝啊，如果这世上有天堂的话，它一定就在离这儿不远的地方！”1507 年，瓦尔泽缪斯在他绘制的世界地图上将南美洲地区标明为“亚美利加”。1538 年，墨卡托在他的世界地图中将整个美洲地区标明为“亚美利加地区”。16 世纪后期始，许多地图、地球仪、地理书将美洲命名为亚美利加洲。

❖ 帕拉蒂的鹅卵石街道

在殖民时期，葡萄牙人驾着轻型帆船，满载压舱的石头来到帕拉蒂，然后卸下压舱的石头，再将金条、金块等一箱箱地运回里斯本，而那些压舱的石头则变成了帕拉蒂著名的、凹凸不平的鹅卵石街道。

❖ 帕拉蒂

❖ 卡莎萨

卡莎萨是巴西的国饮（为巴西有名的甘蔗酒调配而成），而帕拉蒂的卡莎萨更有名，因为卡莎萨以前就叫作“Parati”，与这个小镇的名字“帕拉蒂”非常相近。

最“懒”的小镇

在葡萄牙人开采金矿时期，每年雨季后运河和海水水位上涨，小镇常常被淹，每次水退去后还会留下大量的淤泥，给工人开采和运输黄金带来了麻烦。为了不影响金矿的开采，人们从附近的山上和海岸边收集了大量的鹅卵石，铺在镇上的大街小巷里。这些鹅卵石小路现在成了帕拉蒂最大的特色之一。人们在铺满鹅卵石的小镇街道上行走时，总会下意识地放慢脚步，否则容易磕伤或扭到脚。帕拉蒂仿佛有一种魔力，控制着人们匆匆的脚步，让人们在不经意间慢下来。因此，镇上人们的生活习惯十分慵懒，无形中也感染了外来的游客。

❖ 帕拉蒂湾通往码头的栈桥

❖ 涨潮后的街道

清澈透亮的小镇

帕拉蒂湾被古老的帕拉蒂占据，由小镇延伸出的长长海堤将整个海湾环抱，在海堤上有个缺口，每当涨潮的时候，海水会从海堤缺口涌入海湾，然后沿着小镇中交错的河流逆流而上，涌入城中，漫过整个小镇的街道。当海水退潮时，整个小镇的垃圾都会被海水带走，因此，帕拉蒂镇内由鹅卵石铺就的石板路异常干净，光鉴照人，使整个小镇清澈透亮。

❖ 帕拉蒂的教堂之一

巴西的“威尼斯水城”

帕拉蒂不大，大部分地区禁止汽车通行，镇内几乎所有房屋沿河而建，而且有大量结构特别的两层小楼。帕拉蒂湾码头上停满了五颜六色的商船，每当涨潮时，海水涌入小镇，商人们就会随着潮水，从帕拉蒂湾开着各式各样的小船，沿着河道进入小镇并穿梭在街道中，将船停靠在小镇的居民楼前兜售商品。退潮后，他们又顺着潮水回到港湾，补充货品等待下一次涨潮。帕拉蒂因此被称为巴西的“威尼斯水城”。

避世宁静的私人岛屿

帕拉蒂湾内及周边散落着大大小小60多座精致的小岛，这些小岛大部分既避世又靠近帕拉蒂，拥有独一无二的气质，被世界各地的富豪青睐，慕名来此观光和度假。有些人还一掷千金，成为岛主，既可在自己的小岛上享受世外桃源般的宁静，也可驾船偶尔进入帕拉蒂，感受一下繁华热闹。

泥浆狂欢节：狂欢者在身体上涂上泥浆，在浓烟中跳舞。泥浆狂欢节始于1986年，当时青少年玩泥巴激发了狂欢节的先驱们的灵感，以至于在帕拉蒂这座历史悠久的城市里，这种做法成了一项传统活动。

❖ 泥浆狂欢节街道的布置

萨马纳

世　界　最　佳　观　鲸　地

萨马纳拥有玻璃般晶莹透亮的海水、无尽延伸的湛蓝天空、慵懒惬意的阳光和金色细腻的白沙滩，以涉水和冲浪海滩、自然徒步和观赏鲸著称，是加勒比海中的一颗璀璨明珠。

萨马纳位于多米尼加共和国的东北角由萨马纳半岛环抱而成的萨马纳湾内，这里有许多沙滩、热带雨林和椰树林，而且沿海还是座头鲸的繁殖地之一，是一个著名的旅游胜地。

多米尼加在西班牙语中的意思是"星期日、休息日"，据说哥伦布于15世纪末的一个星期日到此，故名多米尼加，其首都为圣多明各。多米尼加位于北美洲加勒比海伊斯帕尼奥拉岛东部，西接海地，南临加勒比海，北濒大西洋，东隔莫纳海峡与波多黎各相望。

旅游胜地

萨马纳不仅是一个渔村海港，被大西洋和加勒比海环绕，还是一个文化交融的地方，早期法国移民、非裔美国人、现代欧洲移民都留下了很多文化、建筑遗产，教堂、海港、商贸城、博物馆一应俱全，给人一种国际大都会的感觉。

萨马纳湾是古代西班牙商船沉船之地，许多国外打捞业者和研究人员在此地寻找沉船宝藏，截至目前，该地仍有多艘沉船待打捞。

❖ 萨马纳湾中的小岛

❖ 泰诺人博物馆内的泰诺人雕塑

萨马纳有一座泰诺人博物馆，介绍了泰诺印第安人的故事，以及他们与西班牙征服者的首次会面。

泰诺人隶属于阿拉瓦克人，是加勒比海地区的主要原住民之一。在15世纪后期欧洲人到达之前，是古巴、牙买加、伊斯帕尼奥拉岛（现在的海地和多米尼加共和国）、大安的列斯群岛中的波多黎各、小安的列斯群岛北部和巴哈马等地最主要的居民，在那里他们被称为卢卡亚人，他们所说的泰诺语属于阿拉瓦克语系之一。

❖ 潜水之地弗朗顿海滩

弗朗顿海滩是萨马纳许多海滩中的一个比较有特色的海滩。

弗朗顿海滩洁白干净，沙滩边有一座90米高、陡峭而垂直的山墙立于碧水之上，这里既可攀岩，也可潜水，是潜水者不错的选择。

萨马纳中的历史古街和萨马纳湾内的利凡塔多岛、国家森林公园、萨马纳山柠檬瀑布等风景，每一处都是为热爱旅游冒险的人们准备的，是旅游者的天堂。

❖ 萨马纳的教堂

这座木质教堂建于19世纪，是由获得自由后移民萨马纳的美国黑人奴隶所建造的。

❖ 里肯海滩

里肯海滩

里肯海滩位于萨马纳湾，萨马纳镇外有一条海洋大道可直达。它长 4.8 千米，以白色的沙滩、平静的海水和温柔的波浪而闻名，曾被《康泰纳仕旅行者》杂志列为“世界十佳海滩”之一。

里肯海滩是一处原始的海滩，尚未被开发，海滩的一边是平静的海水，另一边则是翻滚的海浪，适合人体冲浪。

❖ 利凡塔多岛

❖ 座头鲸

即便不是在座头鲸的洄游季，也可以去萨马纳的鲸博物馆参观，听取关于鲸的各种介绍。每年都会有3万多名来自世界各地的游客到此赏鲸。

海鸟天堂

从里肯海滩可划小船到达位于萨马纳湾中的利凡塔多岛，这是一座安静而避世的小岛。岛上有一个木板小码头，已腐朽不堪，只剩下几根木桩立于水上，成为军舰鸟、白鹭、褐鹈鹕和黄喙燕鸥歇息的地方。

萨马纳将绝大多数的美景都给了利凡塔多岛，岛上的海滩遍布苍绿植被，清澈莹绿的海水中能看得清鱼儿，海狮懒散地躺在岩石边，俨然成了海狮和水鸟的天堂。

世界最佳观鲸地之一

萨马纳湾被誉为座头鲸的乐园。1980年，人们发现了洄游到此的北大西洋座头鲸，而且每年的北半球冬季（1月下旬至3月中旬），约有3000头座头鲸从北大西洋迁移到这里交尾、生产、喂养小鲸，使这里成为座头鲸最大的聚集地点之一，同时被世界野生动物保护基金会誉为“世界最佳观鲸地”之一。

兰格尔

有 8000 年 历 史 的 岩 画

兰格尔拥有丰富的历史与自然资源，其中最著名的要数奇特的岩画海滩，它将兰格尔的神秘和历史文化完美地融为一体，成为阿拉斯加最迷人的风景之一。

兰格尔位于斯蒂金河河口旁，沿着杜威山而建，其周边冰川、高峰林立，是美国阿拉斯加历史最悠久的城镇，以及全球尚存面积最大的、未经雕饰的地区之一。

美国流传着这样一句话："在公路的尽头，你会找到荒野，在荒野的尽头，你会找到阿拉斯加！"

曾被 4 个国家统治过

兰格尔是阿拉斯加唯一一个曾被 4 个国家统治过的地方，在欧洲殖民者到达该地区之前，兰格尔已有数千年历史，它是特林吉特人的故乡。1741 年，俄罗斯探险家白令第一次发现阿拉斯加，很快俄国派兵征服了这里，阿拉斯加地区包括兰格尔在内都成了俄属北美殖民地。后来，由于阿拉斯加位于北美大陆西北端，人烟稀少，过于偏僻，俄国放弃了对此地的统治，英国与美国则相继占领了这里。

特林吉特人是生活在阿拉斯加的原住民，属于印第安人，他们居住在阿拉斯加东南部超过 1 万年，主要以渔猎为生，说阿塔巴斯卡语系的特林吉特语，有着极高的编织和雕刻技术。

❖ 特林吉特人的房屋

❖ 特林吉特人战士

早在18世纪，俄国就开始了向阿拉斯加的扩张，当时的特林吉特人身披铠甲与俄国人对抗。

历史气息浓厚

站在兰格尔中心的杜威山上，能够眺望到兰格尔的全貌和周围的水域美景。兰格尔的历史气息浓厚，小镇中散落着数十个古老的特林吉特人的图腾，还有特林吉特人生活以及战斗的痕迹；在兰格尔博物馆内还能找到俄国人于1811年开始在兰格尔做毛皮交易的记录……

除此之外，兰格尔还拥有众多的天然遗产，其中最有名的要数岩画海滩。

❖ 图腾柱子

特林吉特人的图腾为民族的象征，作为偶像祭拜。图腾通常使用完整的原木，雕刻人面以及各种当地常见的动物。

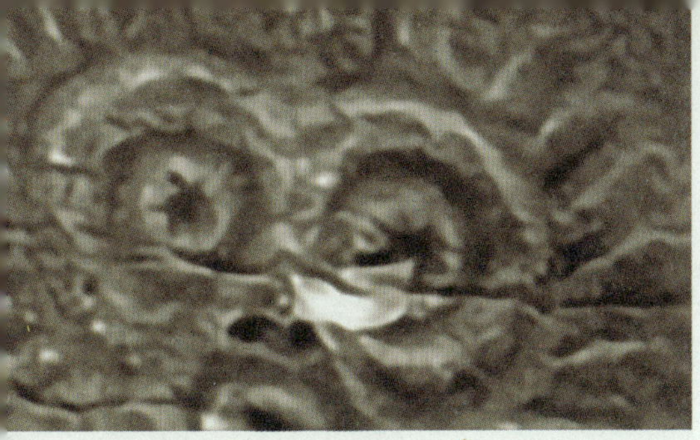

❖岩画海滩上的人面岩画

❖贺兰山的人面岩画

岩画海滩

岩画海滩散落着40多幅历史悠久的古岩画，这些古岩画的图案形状各异，有漩涡、鸟类、鲸和人脸等，有些图案在我国也曾有发现。这些岩画已经存在8000多年，赋予了岩画海滩异乎寻常的神秘气息。关于岩画海滩的岩画是如何形成的有多种说法，有的说是当地古部落人刻画上去的，也有的说是外来部落做的记号。如今，这里已经是岩画海滩国家历史公园的一部分，这些神奇的岩画被保护起来。

❖螺旋符号，宁夏中卫大麦地岩画

这种人面岩画，从北美洲西海岸到阿拉斯加、阿留申群岛，一直延伸到我国都有发现，相似度极高，科学家认为它们之间应该有着某种联系。

❖石头雕刻螺旋符号，原始人石刻

螺旋符号在全球各地都有发现石刻，或许这种符号是古时流行的符号，如今仍在世界各地流行，深受人们的喜爱。

惠蒂尔

世 界 上 最 奇 特 的 小 镇

惠蒂尔位于威廉王子湾北部深处的楚加奇国家森林公园内，只有300多名居民，被誉为世界上最奇特的小镇。

美国阿拉斯加湾伸入大陆，海岸曲折，在海湾中还有很多小海湾，惠蒂尔就处于其中之一的威廉王子湾北部，位于基奈半岛以东，被钟克山脉从东、北和西三面围绕。惠蒂尔的周边有一处冰川叫惠蒂尔冰川，小镇因此而得名。这条冰川也让小镇的温度常年保持在 –20℃左右。

世界上最奇特的小镇

惠蒂尔是一座奇特的小港城，说它奇特，是因为整个小镇几乎所有人都住在一栋 14 层的贝吉奇塔楼内，市政府、邮局、学校、医院、警察局、教堂、餐厅和旅店等也都在这栋大楼里。一栋楼就是一个镇的现象，这是世界上绝无仅有的。

贝吉奇塔楼

贝吉奇塔楼的前身是军营，第二次世界大战时，惠蒂尔因常年海水不冻，被美国陆军选中，在这里建立了军事设施，

惠蒂尔中被军队废弃的大楼除了贝吉奇塔楼之外，还有另一座主要建筑—— 巴克纳大厦，它曾经是阿拉斯加最大的建筑物，于1953年竣工，被称为“同一屋檐下的城市”，巴克纳大厦却未能成为一座城市，最终被废弃了。

❖ 成为废墟的巴克纳大厦

❖ 沿岸冰川

冰川犹如一道琉璃冰墙矗立在岸边，时不时地有部分坍塌入海，轰起一片雪雾。

❖ 贝吉奇塔楼

贝吉奇塔楼有150间住房，包括两居室和三居室的公寓和个人的单间房屋。

包括港口和铁路，并命名为苏利文营地。1943年连接苏利文营地的阿拉斯加铁路修建完成；第二次世界大战胜利后，惠蒂尔成了一个重要的港口；1957年贝吉奇塔楼完工，1960年后惠蒂尔不再需要军队驻扎，美军撤离了苏利文营地，贝吉奇塔楼被废弃。

由于惠蒂尔在冬天时降雪量非常大，天气状况极其恶劣，分散居住的居民出门办事非常不便，因此经过讨论后，小镇全部300多名居民都搬进了被废弃的贝吉奇塔楼！

学院峡湾是威廉王子湾中观看冰川最理想的地方，不仅可以同时观看到多条冰川，而且还可以看到冰川崩裂的壮观场景，除此之外，还能近距离地靠近冰川，欣赏组成冰川的壮丽图案。

拥有被游客喜爱的美景

惠蒂尔拥有优良的深水不冻港，有铁路和公路与96千米外的阿拉斯加最大城市安克雷奇连接，因此成了一个货运和客运的重镇。惠蒂尔拥有丰富的野生动物和自然美景，受到游客、摄影师、户外运动爱好者、徒步旅行者和猎人的欢迎，每年仅是路经此处的游客就高达70万人。

从惠蒂尔的冰河游船码头出发，通过威廉王子湾的西门户，向东行进，再往北便可到达约40千米长的“学院峡湾”。这是威廉王子湾众多峡湾中最漂亮、最具特色的峡湾。在这里还能喝到将船员们打捞上来的冰川崩裂的浮冰打碎后调制的冰啤和咖啡，这种将凝聚万年时光的冰川冰水一饮而尽的快感是别处无法体验到的。

❖ 学院峡湾

卡梅尔

加 州 西 海 岸 的 童 话 小 镇

卡梅尔是一个独特的文艺小镇，碧海蓝天、鲜花礁石，随处可见的松鼠、海鸟、海豹、悬崖峭壁、古老的松柏，构成了一幅迷人的画卷。

蒙特利湾沿岸，尤其是17哩路沿线有许多富人们的别墅、庭院、高档住宅、草地以及高尔夫球场等。

美国的蒙特利湾是著名的海景胜地，著名的美国加州1号公路最美丽的地段——17哩路即是其位于蒙特利湾的一段公路，而卡梅尔小镇就在17哩路的终点往北不远处。

海滨文艺小镇

卡梅尔如今仍禁止张贴广告、装霓虹灯和盖快餐店，以便维持原貌。

卡梅尔位于距旧金山以南约两小时车程的蒙特利半岛，是蒙特利湾内一个精致的文艺小镇。

卡梅尔建于20世纪初期，以“艺术家、诗人和作家的卡梅尔”而闻名，许多风格独特的艺术家和作家住在这个依山面海、充满波希米亚风情的小城市中。我国著名国画大师张大千1969年曾居住在此，称其居所为“可以居”，

❖ 蒙特利湾美景

❖ 充满文艺气息的卡梅尔

卡梅尔并不大，被称为艺术小镇，现今居住着4000多居民，随处可见充满文艺气息的商店和小旅店等。

❖ 17哩路路标

17哩路是全美9条收费的私有道路之一，也是密西西比河以西唯一一条收费的私有道路。

后又在旁边购置一处稍大的居所，取“筚路蓝缕，以启山林”之意，命名为“环筚庵”，其晚期大量的画作都是在这里完成的；出演过《廊桥遗梦》，执导过《百万美元宝贝》《萨利机长》等多部电影的美国著名演员、导演克林特·伊斯特伍德就曾出任过卡梅尔的镇长；就连爱因斯坦都曾在这个小镇定居过，在这里常常可以看到他戴着墨镜、穿着印花T恤、拿着冲浪板的调皮形象。

❖ 17哩路沿岸美景

❖ 卡梅尔海滩

卡梅尔海滩

卡梅尔的早期居民中 90% 是专业艺术家，其中著名作家兼演员佩里·纽伯里和著名演员兼导演克林特·伊斯特伍德都先后出任过卡梅尔的镇长。

沿卡梅尔的主街向西走到尽头，就是 17 哩路海滨上独一无二的美丽海滩——卡梅尔海滩，它像一颗美丽、深邃的蓝色宝石，镶嵌在加州 1 号公路绵延不断的海岸线上，被誉为“美国最适合海滨度假的海滩”之一。

卡梅尔海滩面向海浪汹涌的西太平洋，异常宽阔，沙滩洁白且沙子细软。人们不仅可以在沙滩上晒太阳、玩沙滩排球等，还可以勇敢地在澎湃的海中冲浪、玩刺激的水上运动等，这一切无不显得那么和谐，那么让人沉醉！

张大千（1899—1983 年），中国泼墨画家、书法家，四川内江人，祖籍广东省番禺，1899 年 5 月 10 日出生于四川省内江市市中区城郊安良里的一个书香门第的家庭。20 世纪 50 年代，张大千游历世界，获得巨大的国际声誉，被西方艺坛赞为“东方之笔”，又被称为“临摹天下名画最多的画家”。他在美国生活的 10 年均居住于卡梅尔。

❖ 张大千

1986 年，著名演员兼导演克林特·伊斯特伍德以 72.5% 的得票率成为卡梅尔的镇长。卡梅尔只有 4000 多的人口，伊斯特伍德在两年的任期中，每月的工资为 200 美元。

❖ 克林特·伊斯特伍德

哈纳

天　堂　之　路

哈纳被认为是夏威夷最后一块没有遭到人为破坏的土地，小镇中有马克·吐温笔下的“天堂之路”——哈纳之路，是领略茂宜岛美丽自然风光的绝佳自驾游路线。

哈纳位于美国夏威夷茂宜岛崎岖不平的东海岸，沿着茂宜岛著名的哈纳之路前行到中段，便可以来到这个安逸舒适的小镇。

❖ 通往哈纳的指示牌

哈纳很小

哈纳的常住居民不到 2000 人，在镇中心，以充满夏威夷地域风情的古代茅草屋为中心形成一个广场，街道沿着广场向外辐射，道路两旁散布着一些古迹和商店。沿着镇中心的街道一直走，就可以走到哈纳海滩，这里是一个不错的家庭度假之地，常常有人烧烤，还有小孩在沙滩上追逐玩耍。哈纳海滩角落灯塔处是一个不错的游泳和潜水之地。

哈纳公路有一些地段极其凶险，当地租车公司会限制通行，也有一段公路非常平缓，几乎没有任何危险，驾驶舒适度极高。

❖ 哈纳公路的“U”形弯

❖ 哈纳公路美景

哈纳公路上既没有加油站，也没有像样的商店，所以出发前需要准备好食物并加满足够的汽车用油。

❖ 哈纳公路沿途的瀑布

在哈纳公路上并不是一直驾驶，沿途遇到美景后可以停车欣赏，有山林、瀑布、海滩、洞穴等，每一处风景都会让人有意想不到的收获。

哈纳之路

茂宜岛是夏威夷群岛中的第二大岛，也是夏威夷群岛中仅次于欧胡岛的第二个热门旅游地。不过岛上没有什么公共交通工具，最适合的出行方式就是租车自驾游，哈纳之路就是这里的一条绝佳的自驾游路线。

哈纳之路全长差不多 105 千米，沿途遍布热带山谷、高耸的悬崖、茂盛雨林、飞流瀑布和池潭。全程停停走走需要耗时一天，大约有 620 个弯道，而且大多是“U”形急弯，此外还有 57 座单行桥，被誉为“世界十大最危险公路”之一，也曾被美国《国家地理》杂志评为“全球最美的公路”之一，马克·吐温更是直接称赞它为“天堂之路”。

❖《侏罗纪公园》的取景地

哈纳公路中途这座海边的山崖曾经是电影《侏罗纪公园》的取景地之一。

拉海纳

慢　节　奏　生　活

拉海纳是夏威夷群岛中的异类，它曾因捕鲸而繁华，是夏威夷保留历史遗迹最多的地方，也是一个偏僻且悠闲的慢节奏小镇。

拉海纳这个词在夏威夷原住民语中意为“无情的太阳”。拉海纳位于夏威夷茂宜岛西部，沿海湾、海港而建，是茂宜岛上最大的镇，也是整个夏威夷群岛中最有历史和文化味道的小镇。

❖ 拉海纳

历史遗迹众多

拉海纳在历史上一直是茂宜岛酋长及高阶首领们的居住地，1810年，夏威夷大岛的卡美哈梅哈二世统一了整个夏威夷群岛后，非常喜欢拉海纳并将此作为居住地，因此，拉海纳一直是夏威夷王朝事实上的首都（直到1845年迁都檀香山）。在夏威夷群岛统一后不久，基督教传教士来到了这里，并在拉海纳盖了第一座石头教堂，随后出现了第一所教会学校、第一台印刷机等。

❖ 拉海纳海边

19世纪40年代，拉海纳是整个太平洋地区最重要的捕鲸港，每年有数百艘捕鲸船从港口出海。水手医院、教堂、水手客栈、舞厅和酒吧围绕着港口接连开张，小镇逐渐延伸开去。19世纪60年代，捕

2023 年 8 月茂宜岛大火使拉海纳受损严重，小镇几乎被付之一炬，差不多所有建筑都被摧毁，需要数年时间才可能使这个美丽的海边小镇恢复原样。

鲸业开始衰败。10 年后，蔗糖业成为这里的支柱产业，直到 20 世纪 60 年代被旅游业所取代。

漫步在拉海纳街头，仿佛在欣赏一座露天的博物馆，著名的前街有几十个画廊和各具特色的商店、餐馆。走在拉海纳的历史小径上，那个捕鲸年代的气息仿佛依稀存在。沿路有美国水手医院、拓荒者客栈、中国和日本的寺庙，还有很多具有上百年历史的老房子。

大榕树

这是夏威夷的第一座灯塔，在 1840 年由国王卡美哈梅哈三世建立，用来给捕鲸归来的船只导航，当时是用鲸油照明的。1905 年灯塔重建，1916 年交给美国海岸防卫队使用。

❖ 夏威夷的第一座灯塔

大榕树是拉海纳的标志性景点，这棵将近 19 米高的榕树枝繁叶茂，覆盖了整个榕树广场，是全美国最大的榕树。

大榕树的历史可以追溯到 1873 年 4 月 24 日，为了纪念新教传教团“Protestant Mission”成立 50 周年，当地警察专门种植了这棵起源于印度的榕树。

如今，大榕树成为当地居民和游客休闲避暑的好去处，尤其是在阳光强烈的时候，大量的小商贩和居民聚集在大榕树下休闲、纳凉。

❖ 拉海纳街道

老拉海纳法院大楼

❖ 老拉海纳法院大楼

老拉海纳法院大楼也被称为拉海纳行政旧址遗迹，在大榕树旁。

在捕鲸业鼎盛时期，拉海纳聚集了世界各地的捕鲸者，在给小镇带来繁荣的同时，也给小镇带来了暴力和走私等不法活动，因此当局建立了海关、法院和监狱，来维持小镇的安定。

老拉海纳法院大楼建于 1859 年，这里原本被用来建造卡美哈梅哈三世的宫殿，因为卡美哈梅哈三世喜欢睡在附近的茅草屋顶的房子中，所以宫殿迟迟没有完工。1858 年，宫殿遭遇强风暴后被摧毁，随后在废墟中重建了这栋大楼，作为法院、海关、邮局以及其他政府机构的办公地点。1898 年，美国就是在这栋大楼里签署协议，正式接管了夏威夷群岛。

如今，这栋大楼被列为美国国家级的历史遗迹，一楼是游客中心和纪念品商店，二楼是展示夏威夷历史文化的博物馆。

全世界唯一一家临海而建的奥特莱斯就在拉海纳海边，这里是游客购物的天堂。

和兴会馆

和兴会馆位于拉海纳一处不起眼的地方，它是一座与中国人关系紧密的百年地标建筑，曾是茂宜岛华人交流聚会、娱乐和传承中华文化的地方，也曾是孙中山奋斗过的地方，当初孙中山在哥哥孙眉的全力支持下，从夏威夷出发，将革命之火带到中华大地。

第二次世界大战后，和兴会馆没落，如今经过当地政府的修复，成了一座历史博物馆，里面展出很多珍贵的历史照片、柚木药柜和道教神龛。

❖ 和兴会馆

艾维隆

西　海　岸　的　夏　威　夷

艾维隆位于被称为“西海岸的夏威夷”的圣卡塔利娜岛上，它依山傍海，景色宜人，深受世界各界名流的喜爱，玛丽莲·梦露、卓别林、格利高里·派克等都曾来过这里度假。

艾维隆是一个小而精致的小镇，仅占地约 2.6 平方千米，位于美国洛杉矶西南部艾维隆海湾的圣卡塔利娜岛上。

岛上唯一的小镇

400 多年前，艾维隆海湾在被西班牙人占领期间，是绝佳的海盗船藏匿出入之所。艾维隆临海而建，被艾维隆海湾环抱，是圣卡塔利娜岛上唯一的城镇。小镇上严格控制汽车数量，通常要等 14 年才能获准拥有一辆汽车，因此汽车很少，岛上的居民大多用电动车作为交通工具。在小镇最佳的出行方式就是徒步，可沿着街道一直走到洁白的新月海滩。

艾维隆虽然不大，但是五脏俱全，当年玛丽莲·梦露、卓别林等登岛度假时就曾居住在这里。小镇不远处还有两个海港和一个隐士峡谷，都是不错的休闲之地。

圣卡塔利娜岛也称为卡塔利娜岛，隶属于美国加利福尼亚州，是加州 8 座岛屿中的一座。

❖ 玛丽莲·梦露和她的丈夫（图上左边男子）在圣卡塔利娜岛

两个海港

艾维隆旁边就是两个海港，有300多名居民。这里的海水很清澈，呈浅浅的绿松石色。港口里泊满了私人游艇，海滩边有一条西班牙风情街，还有能提供海滨野营的场地，是一个浮潜、划皮划艇、露营的好地方。

❖ 艾维隆特色的建筑

这是艾维隆最具有特色的建筑，也是网红打卡地，以前曾是一家赌场。

迷你荒野

出了艾维隆，就是荒无人烟的广阔地区，被当地人称为原始内陆区，圣卡塔利娜岛的原始内陆区大多未被开发，需要提前申请，经过批准后才可进入。这里是一个迷你荒野，更是珍稀物种的栖息地，里面生活着60余种世界上独有的动植物，包括圣卡塔利娜岛狐狸。

艾维隆美得让人心醉，拥有独一无二的纯净、自由、性感和浪漫，既有欧洲海滨小镇的风情，又有加州阳光沙滩的洒脱，可以潜水、冲浪、划船、出海钓鱼、远足，每个来到这里的人都能找到合适的休闲度假方式。

❖ 西班牙风情街指示牌

赫曼努斯

南非著名的观鲸小镇

赫曼努斯是一个能与鲸一同嬉戏的地方，人们能在这里近距离观看露脊鲸，还能欣赏座头鲸、虎鲸的迷人身姿。在毫无干扰的情况下，看着成千头鲸从眼前游过，是一种令人震撼的体验。

赫曼努斯地处大西洋和印度洋交汇处，是南非西开普省南海岸的一个小镇，离真正的非洲大陆最南端——厄加勒斯角很近，以“世界最佳陆地观鲸地”而闻名。

南露脊鲸每年都会离开漫天冰雪的猎食地——南极洲，迁徙至气候温暖的地区交配繁殖。

赫曼努斯距离开普敦东面海滨约 120 千米，它风景优美，干净整洁，房舍色彩鲜艳，令人赏心悦目。从漫步旅行到品尝美酒，从欣赏海景到享受美食（尤其是鲍鱼和龙虾），一切在南非与旅行有关的事情，几乎都可以在赫曼努斯实现。它是南非一个著名的旅游胜地，特别是在每年的“鲸鱼节”期间，许多游客会慕名而来，一睹鲸的风采。

❖ 赫曼努斯美景

❖ 跃出海面的露脊鲸

❖ 水中的露脊鲸

露脊鲸有地球上最庞大的身躯，脾气却很温顺，它们以海洋中的浮游生物为食，从不互相残杀，更不像鲨鱼和虎鲸那样残暴。

陆地观鲸胜地

赫曼努斯海域生物资源丰富，海洋中有很多顶级猎食者，如鲨鱼、海豚、虎鲸和须鲸。其中最有名的要数须鲸家族中的南露脊鲸，每年的5—11月，数千头约60吨重的南露脊鲸会离开冰天雪地的南极，来到温暖的南非，在离赫曼努斯海岸仅数米的海湾进行交配、繁殖。这个时候，在赫曼努斯的海岸上能听到鲸的声音，因此成就了赫曼努斯陆地观鲸胜地的美名。

❖ 赫曼努斯观鲸步道

❖ 海岸边的雕塑

❖ 蹄兔

蹄兔为陆栖或树栖的小型兽类，因有蹄状趾甲而得名。它们喜欢嚎叫，又名啼兔。在赫曼努斯海边步道上行走时，经常会看到步道边的岩石或者草木丛中会有悠闲的蹄兔出没。

观鲸设施完善

赫曼努斯因观鲸活动而发展起来，有众多酒店和各种商店，还有专门售卖鲸纪念品的商店。在小镇海岸线上有专门的步道，步道边有当地艺术家创作的艺术作品和各种雕塑，步道上观鲸设施齐全，有长椅、望远镜、遮阳伞等。赫曼努斯还设有专职的“报鲸人”，这是世界上唯一的“报鲸人”，当他发现有鲸在海湾出没时，就会吹响用海草制成的独特号角，实时提醒观鲸爱好者前往观鲸点。

游客除了可以在悬崖上观鲸外，还可以乘船到大海里观鲸，期间要保持安静，否则会吓跑鲸。

❖ 赫曼努斯海岸美景

西蒙斯敦

看 热 带 的 企 鹅 王 国

在人们的印象中，企鹅生活在冰天雪地的南极，然而有一种企鹅却生活在处于热带地区的西蒙斯敦。这种强烈的落差也让西蒙斯敦成为一个著名的旅游胜地。

在地处热带的非洲有一个小镇，专门为当地企鹅开辟了一片海滩作为保护区——企鹅滩，保护区内生活着数千只企鹅，这里就是位于南非开普敦的西蒙斯敦。

尽管南非其他地区以及邻国纳米比亚也有非洲企鹅，但大都零零星星，不成规模，只有在西蒙斯敦的企鹅滩才能看到成群结队的非洲企鹅。

开普企鹅

西蒙斯敦距离开普敦20千米左右，它背山面海，蔚蓝色的大海、绿色的植被、多肉的植物、干净整洁的街道，让它显得沉静而多姿。

西蒙斯敦建于1741年，已有280多年的历史，是最古老的开普殖民地之一。1814年，英国占领了开普半岛，并在西蒙斯敦建立了海军基地。1957年，南非海军接管了这里，现在是南非和英国共同使用的军港。

❖ 西蒙斯敦整齐而安静的街道

❖ 非洲企鹅

由两对掉队的企鹅繁衍而来

西蒙斯敦是从开普敦前往好望角的必经之路，如今它因为企鹅而知名，这群生活在这里的非洲企鹅又叫叫驴企鹅，学名为斑嘴环企鹅，由于它们最早来自开普敦，因此也被命名为开普企鹅。

据说 1982 年，有两对非洲企鹅在迁徙路上掉队了，滞留在这个小镇。当地渔民发现后便自发地保护了起来，几十年过去后，由当初的两对非洲企鹅繁衍到了超过 3000 多只。如果不是亲眼看到，很难让人相信在靠近居民区的热带大海边，可以近在咫尺地观看到憨态可掬的企鹅。

可怕的邻居

西蒙斯敦一直把非洲企鹅当作吉祥物，但随着非洲企鹅数量的增多，问题也随之出现。因为它们一直被保护，所以有些肆无忌惮，常常擅自闯进居民家中偷吃、捣乱，甚至毫无顾忌地在居民家中的地毯上大、小便，还有的非洲企鹅更

❖ 通往企鹅滩的栈道

❖ 无处不在的非洲企鹅

成群的非洲企鹅待在沙滩上，有的在孵蛋、有的在照顾小企鹅、有的在涉水、有的在水中游泳……

是直接闯到马路上觅食，严重搅乱了当地的交通秩序，对当地人来说，这些曾经的客人一夜间变成了可怕的邻居。

为了在保护非洲企鹅的同时，不影响当地人的正常生活，西蒙斯敦在海边建立了一片名为企鹅滩的封闭海滩保护区，让非洲企鹅在里面生活。游客可以通过一条用木板搭建的栈道，深入企鹅们栖息的海滩，近距离观赏它们。

世界上共有 17 种企鹅，它们大部分生活在冰天雪地的南极，非洲企鹅能在西蒙斯敦繁衍生息实属奇迹，也因此使这个原本默默无闻的小镇变得家喻户晓。

❖ 非洲企鹅

❖ 企鹅滩的介绍

❖ 企鹅滩路牌

西迪布赛义德

胜 过 五 彩 的 蓝 白 小 镇

白色墙，蓝色窗，透着七分文艺、三分神秘，有人说蓝、白色代表着地中海与阿拉伯文化的交融；也有人说蓝、白色是海天相接……西迪布赛义德虽然只有两种颜色，但其意蕴却胜过缤纷的五彩！

西迪布赛义德有“可以参观但不能过夜”的硬性规矩。这里只适合在白天安静地欣赏、游玩，小镇内根本没有酒店和民宿，晚上必须离开小镇去到周边的其他小镇或者市内住宿。

鲁道夫男爵本身就是一位民族音乐家、阿拉伯音乐史学家和画家，他的家族也是显赫的银行世家。

西迪布赛义德位于突尼斯市北部 20 千米之外的地中海悬崖上，小镇建筑以白色为主，大量的蓝色点缀其中，看起来非常清雅，被大家冠以“蓝白小镇”的美称，也被美国《国家地理》杂志评选为“世界十大浪漫小镇”之一。

充满艺术气息

西迪布赛义德地处偏僻，交通极为不便，各种战乱、种族、宗教以及政治迫害都无法波及此处，因此在历史上成了地中海各国王室贵族与艺术家的避难所之一。

1881 年，突尼斯沦为法国殖民地。法国的鲁道夫男爵成了西迪布赛义德的管理者，他按照自己的喜好重新规划了小镇，从此吸引了大量法国以及世界各地的艺术家来此定居，如法国思想家、画家古斯塔夫，瑞士立体主义画家保罗·克利与表现派启蒙画家麦克等，就连法国著名的哲学家米歇尔都慕名前来。因此，有人说西迪布赛义德小镇内几乎每栋建筑都是名人的故居，整个小镇充满艺术气息。

❖ 西迪布赛义德的蓝白清真寺

进入西迪布赛义德后，首先映入眼帘的就是这座著名的蓝白清真寺。

❖ 蓝白色的房屋

❖ 小镇蓝色的门

蓝白小镇

西迪布赛义德的房屋几乎只有蓝、白两种颜色：蓝色的门窗，白色的墙壁，显得单纯而美丽。这里的房屋原本与突尼斯北部其他城镇的房屋并无太大区别，只是贵族别墅比较多，艺术气息比较浓而已。20 世纪初期，法国作家安德烈慕名来到这里，并在峭壁半山坡面海的地方购置了房屋。有一天，安德烈坐在阳台上观看大海时，突发奇想，想让自己融入大海之中，于是脑中灵光闪现，他将自己的整栋房屋涂成蓝、白色调，完美地融入蓝天、大海的风景之中。安德烈的这个举动，被镇里的艺术家们纷纷效仿，最终，整个小镇的建筑都被涂成了蓝、白色调，小镇也被誉为“蓝白小镇”。

小镇的大多数物品都是蓝白色的，如路边的长椅、垃圾桶等。

❖ 蓝白色的路灯

❖ 紧闭着的蓝色窗户

❖ 小镇的鹅卵石路

美妙而奇特的小镇

西迪布赛义德依山而建，房屋错落有致，显得非常协调；小镇的鹅卵石街巷蜿蜒曲折，沿街的白色房屋点缀着蓝色的门和窗户，在花朵的簇拥中，与蔚蓝的地中海浑然一体，显得格外浪漫。

❖ 小镇唯一能见到的黄色门
在几乎都是蓝白色的小镇上，这扇黄色的门反而成了异类。

❖ 西迪布赛义德港湾

西迪布赛义德的蓝白色过于唯美，使来到此地的人忽略了它其实也有一片不错的港湾和海滩。

在西迪布赛义德有一种“花”——沙漠玫瑰，它是突尼斯的特色文化符号，此“玫瑰”并非“玫瑰”，而是一种在沙漠低洼处自然形成的结晶体，形如一朵朵玫瑰花。沙漠玫瑰永不凋谢，象征着永恒的爱情，突尼斯青年常常会捧着这种沙漠玫瑰向心爱的姑娘求婚。沙漠玫瑰虽然没有刺，但坚硬的石花瓣很容易划破手指。

❖ 沙漠玫瑰

在西迪布赛义德见得最多的是这样的美景：白墙、蓝门、蓝窗的房屋次第有序地在花朵间隐现。

❖ 西迪布赛义德美景

❖ 工艺品：围着头巾的女人

西迪布赛义德的游客虽多，这里的调子却永远是舒缓的。小镇的居民最爱花，不但女人围着头巾的耳朵后戴花，男人也将花别在胸前炫耀。在小镇，买花和卖花也形成了一道亮丽的风景。

❖ “草席咖啡馆”

小镇山顶的“草席咖啡馆”是一家百年老店，此咖啡馆是一个烟馆，客人进门上炕，脱鞋吸烟。烟是阿拉伯水烟。而在其不远处还有一家山顶咖啡馆，那里是小镇真正喝咖啡的地方。在山顶面海的地方有一座露天茶馆，它是小镇的标志性建筑。

这个美妙的小镇吸引了世界各地的游客，但是小镇居民却一直排斥外来游客。白天穿梭在小镇街巷，人们会发现一种奇怪的现象：整个小镇除了为游客服务的餐厅、酒吧、咖啡屋以及纪念品店之外，几乎看不到其他开着门的房子，甚至连窗户都很少有打开的，即便是在小镇遇到当地人，他们也很少会和外来人闲谈。在小镇内游玩时，让人感觉一切都是静止的。

❖ 阿拉伯水烟烟具

阿拉伯水烟最初起源于800年前的印度，烟具由椰子壳与空竹管构成，主要用来吸食老式黑烟草。后来在波斯开始流行，在中东特别是在奥斯曼帝国时期，水烟曾一度被看作“舞蹈的公主和蛇”；后来逐渐流传到阿拉伯世界（至今已有500年历史），被阿拉伯人发扬光大，成了一种民间吸食烟草的通用方式。

拉穆

非洲斯瓦希里文化的发源地

拉穆拥有丰富而灿烂的历史，是多种文化的交汇之地，曾经是一个辉煌的海洋贸易港，如今则是一个颇有特色的旅游胜地。

拉穆位于肯尼亚东南部滨海省印度洋边的拉穆岛上，是拉穆郡的首府，它是肯尼亚最古老的居住城镇，也是东非最古老、保存最完整的斯瓦希里人聚居地。

比尔•盖茨为了更好地欣赏拉穆美景，在拉穆岛对面的非洲大陆买了土地，盖了别墅。

悠久的历史

12世纪前后，日渐繁荣的东非海洋贸易把这个安静的小镇推上历史舞台。随着阿拉伯人和波斯商人的到来，拉穆逐渐成为东非重要的商品贸易港和奴隶贸易港。15世纪时，郑和下西洋来到肯尼亚，第一个登陆的地方就是拉穆岛。现在的拉穆博物馆里还陈列着中国古瓷、纺织品、交椅和手动面条机。拉穆还是中国古代海上丝绸之路的重要一站，是中国陶瓷在东非的集散地，被当地人称作中国古瓷器的仓库，“中国拉穆”即是当地人对中国瓷器的称谓。

在19世纪阿曼苏丹统治时期，拉穆因象牙和奴隶贸易达到繁荣的顶峰。后来随着奴隶贸易被废除以及殖民者对经济的打压，拉穆逐渐沉寂，如今因旅游业而逐渐发展。

斯瓦希里是非洲东部地区跨界民族，属黑、白混血种人，即尼格罗人与欧罗巴人的混合类型，主要由沿海地带及桑给巴尔岛、奔巴岛、马菲亚岛的班图人和纪元后陆续迁来的印度尼西亚人、印巴人、阿拉伯人、波斯人等长期混血而成，并含有大湖地区内陆班图人的成分。

拉穆岛蔚蓝色的海湾、绿色的丛林与白色的建筑群，编织成一幅清丽无比的图画，无论蓝、绿、白都是那样一种透彻的、纯净的、闪闪发光的颜色，美得让人晕眩。

❖ 美得发光的小岛

❖ 拉穆要塞

拉穆要塞位于拉穆最热闹的地带，曾被作为监狱使用，如今是图书馆。要塞的露台可以俯瞰整座老城。

古镇特色建筑

拉穆是非洲斯瓦希里文化的发源地，这里大多数建筑的历史都能追溯到中世纪，至今保存得十分完好。拉穆的建筑材料取自当地，包括墙壁用的珊瑚石、支撑木门用的红树林柱子，以及雕刻复杂的百叶窗。许多 19 世纪的大官邸仍然存在，使房屋变得雅致的新雕刻门、复杂的珊瑚制品以及硬木家具在这个岛上仍然能找到。

村落、拉穆要塞、斯瓦希里民居博物馆和驴子收容所都是值得游客参观的地方。

❖ 拉穆博物馆内的中国瓷器

拉穆博物馆有两层，外加楼顶露台，一楼是各种家具、古董，二楼有一个婚礼展区，详细地介绍了婚礼前前后后的风俗。

驴岛：岛上每家每户都有驴

阿拉伯人、葡萄牙人、英国人和中国人很早就来过这里，其中影响拉穆最深的是阿拉伯人。阿拉伯人不仅给拉穆带来了伊斯兰文明，还把毛驴带到了这里。人们用毛驴运货、载重，骑毛驴穿越迷宫般的小巷。毛驴成了当地人的好帮手，是拉穆岛上唯一的陆地交通工具。现在的拉穆岛以“驴镇、驴岛”而闻名于世，岛上每家每户都有毛驴，只有 1.7 万名居民的小岛上有 6000 多头毛驴。

毛驴成了拉穆岛的吉祥物，岛上有专门给毛驴看病的免费医院（也是驴子收容所），毛驴在拉穆岛上享受着极高的地位和待遇。

❖ 面朝大海的大炮

离拉穆博物馆门口不远处有两尊大炮，是曾经对抗葡萄牙侵略时留下的。

早期，阿拉伯人将伊斯兰文化带到了这座岛上，现在这座岛上的大部分人信仰伊斯兰教。

❖ 拉穆岛清真寺

斯瓦希里民居博物馆的这堵墙是拉穆岛上历史最悠久的一堵墙，有 500 多年历史了，上面还有石刻的花样。

❖ 有 500 多年历史的墙

❖ 拉穆岛上的驴子收容所

当驴子生病了，老了，有问题了，都会送到这里，各种治疗都是免费的。

逛迷宫一般的小巷

拉穆的小巷很有特色，除了海边的一条道路稍宽一点，几乎没有其他像样的道路，都是只容两人并排行走的小巷。每条小巷隔几米就会有一块凹进去的空地，让人们在搬运货物时互相避让。这里的小巷很深，而且很曲折，巷子两旁的墙壁、大门各有不同，每家都有独特的设计。当一个人在狭窄、弯曲的小巷漫步时，珊瑚硬质岩墙、木质地板、红树干、茅草屋顶以及错综复杂的百叶窗，深藏在巷子里的外国人的院落，迎面而来疾走的毛驴，这些无处不在的奇景都让人惊奇不已。

❖ 拉穆小巷中精致的门

为了让小孩在房子墙壁上涂鸦，并起到美化墙壁的作用，拉穆当地人在墙壁中镶嵌了珊瑚。

拉穆是一个适合旅游的地方，这里不仅居民友善，还是肯尼亚唯一没有犯罪记录的地方。

塔马兰

与　海　豚　一　起　畅　游

人们通常只能在海洋馆或动物园中接触到海豚，然而，在塔马兰，不仅可以和海豚一起在海面上追逐打闹，还可以触碰、抚摸它们。

塔马兰位于毛里求斯西岸，这里高山环绕，景色十分优美，有金黄色的海滩、蔚蓝的大海、温暖的阳光，充满了热带地区的魅力。

毛里求斯是非洲的一颗明珠，马克•吐温曾说："毛里求斯是天堂的故乡，因为天堂是仿照毛里求斯这个小岛而打造出来的。"

因海豚湾而出名

毛里求斯发现海豚已有 10 多年的历史，海豚最常出没在 3 个海湾：绢毛猴湾、黑里维埃尔湾和南部的黎明海湾。绢毛猴湾也就是海豚湾，它位于塔马兰，是毛里求斯最出名的海豚出没点，遇见海豚的概率最高，数量也最多。塔马兰也因海豚湾而出名。

毛里求斯岛被珊瑚礁环绕，这算得上是大自然赋予的天然屏障，它把鲨鱼等凶猛的海洋动物挡在近海之外，同时也把暗藏危机的深海隔开。

与海豚一起畅游

海豚是人类最喜欢的海洋生物之一，也是世界上最聪明的动物之一，对人类非常友善。

海豚湾岸边的潜水区域的水位刚刚没过腰间，适合浮潜，深水区域有海豚和鲸出没。

❖ 塔马兰海滩

塔马兰海滩上停着许多出海的快艇和双体船，相比之下，双体船更舒适，船上可以烧烤和晒太阳。而快艇则速度更快，可以尾随海豚而行。

❖ 海滩快艇

❖ 海豚湾美景

海豚湾的海豚大致分为两种：一种是小型的宽吻海豚，它们的游速很快，据说可达每小时 5~11 千米，最快可达到每小时 35 千米。它们常常集体活动，数量较多。还有一种是大型的宽吻海豚，身体接近黑色，只有三五只一起活动。

海豚湾是世界上近距离接触宽吻海豚的绝佳之处。

每天上午的 9 点半到 10 点，海豚湾的海域会出现大量的野生海豚，它们在海面上起起伏伏，或晒太阳，或寻觅食物，或嬉戏、跳跃，那场面绝对不同于海洋馆或动物园中看到的，很壮观。

此时，可以坐在快艇上乘风破浪，跟随海豚的去向，追寻海豚的身影，享受与海豚竞逐的乐趣。还可以直接跳下海去，与海豚一起畅游，“共浴” 在大海中，经历一生难忘的刺激体验。

❖ 海豚湾跃出海面的海豚

七彩土

海豚湾是绢毛猴河的出海口，沿着绢毛猴河而上，在塔马兰的夏马尔村不远处一个密林中，有世间独一无二的奇观——七彩土，这是火山爆发时喷出的岩浆氧化后发生化学变化，又在强烈阳光照射下而形成的，红、黄、紫、橙等颜色的泥土层次分明，形状像一座波浪纹小山，中间隆起，与东、西两边的山坡相接，南、北两侧的缓坡伸向平地，就好像一道道彩色的水流奔向两边的丛林。如今，这里已经开发成一个封闭式的小公园，是到毛里求斯旅游时必到的景点之一。

❖ 七彩土

毛里求斯是世界上罕见的同时拥有7种不同颜色泥土的地区之一。

据当地人介绍，即使是把山坡上不同颜色的土翻耕，混合在一起，只要经过几场大雨，山坡上的七彩土又会恢复原状。

塔马兰瀑布

塔马兰瀑布（也被称作夏马尔瀑布）离七彩土三四千米，是毛里求斯落差最大的瀑布，瀑布一共有7条（也有人认为是11条），从上方凸出的岩石和山的间隙直冲而下，落差达293米的水流如同水帘洞前的水幕一般。虽然水幕后面没有洞穴，但是最下方有一处深潭。站在深潭中，让飞流直下的瀑布冲击身体，如同天然的按摩一般；也可以在深潭中洗澡、戏水；或者攀爬上瀑布的源头——山顶，透过四周茂密的植被，远眺海豚湾美丽的海岸线，这便是在塔马兰所能享受到的最别样的体验。

❖ 塔马兰瀑布

楠迪

斐 济 的 天 堂

来到斐济的人不禁会感叹："天堂也不过如此景色。"到了楠迪后才知道，原来斐济的天堂在这里。

维提岛又名美地来雾岛，是大洋洲南太平洋岛国斐济共和国的主岛，也是最大及最重要的岛屿，面积 10 429 平方千米，人口约 37 万人。岛上最重要的两个城镇是苏瓦和楠迪。

楠迪位于南太平洋岛国斐济共和国维提岛的西部沿海，是斐济第二大岛镇，也是斐济最重要的交通枢纽，可以从这里前往斐济的各旅游景点。

萨布拉马尼亚湿婆神庙

从斐济首都苏瓦市坐车去楠迪，大概要花 4 小时，沿途会路过知名的印度教寺庙——萨布拉马尼亚湿婆神庙。

最早到达斐济的欧洲人是荷兰航海家塔斯曼，他于 1643 年到达斐济。19 世纪上半叶，欧洲人开始移入，1874 年沦为英国殖民地，1970 年 10 月 10 日独立。

萨布拉马尼亚湿婆神庙是斐济最大的，也是南半球规模最大的印度教神庙。这座神庙在建筑学上来说是非常玄妙的，它由印度教神像、加尼什寺和湿婆神庙组成，展现了斐济闻名于世的独特岛国文化，更是传统的太平洋岛国的一个历史缩影，同时也表现了斐济人民的智慧。

斐济坐落在南太平洋，环绕着维提岛的中心有 332 座岛屿，如同汪洋中散落的群星，大部分岛屿是从 1.5 亿年前开始形成的，美拉尼西亚人和波利尼西亚人作为第一批海洋漂流者，首先在公元前 2000 年定居于此。

❖ 斐济美景：孤悬于海中的小岛

❖ 丹娜努岛美景

丹娜努岛是维提岛的附属岛，距离楠迪20分钟船程，它距离楠迪机场很近，且拥有绝美海景，是一个高档度假村、国际五星级酒店的聚集地，喜来登度假村、希尔顿酒店、威斯汀水疗度假酒店等都在这里安营扎寨。

丹娜努岛有斐济最美的海滩和白沙，这里的每家酒店、度假村都有私家海滩，并且潜水、游泳、垂钓等各种水上活动设施齐全，在这里无须踏出酒店，就可以享受美好假期。

❖ 萨布拉马尼亚湿婆神庙

原始部落纳瓦拉

楠迪不大，只有一条大街，不过很有特色，商城、免税店和餐厅很集中，吃饭、逛街、买些特色纪念品，半天时间就够了。

❖ 纳瓦拉

❖ 瓦路路海滩边的草丛

据传，在瓦路路海滩还有很多很私密的草丛，尤其是深夜，很多情侣会在那里过夜，当地人则称之为草窝旅社（Para Motel，在斐济语中，Para 就是草窝的意思）。

楠迪有一个地方不能不去感受一下：从楠迪徒步2小时的山路，在一个山谷内有一个很小的村落纳瓦拉，整个村落大部分的建筑依旧是传统的草屋。它是维提岛目前仅存的唯一一个原始部落，进入这里时不要戴太阳镜和帽子，以示对当地人的尊重与礼貌。同时绝对不可触碰当地人的头部，这是一大禁忌。纳瓦拉及其周围以古朴天然的原始美而闻名，它位于斐济腹地的小山顶之上，景色壮观。

瓦路路海滩

楠迪不远处有维提岛最热闹、最有名的瓦路路海滩（WAILOALOA）。斐济语中“Wai”表示沙滩，“LOALOA”则是黑色，所以这个海滩应该叫作黑沙滩。不过，瓦路路海滩并不那么黑，只能算不那么白。据当地人介绍，这个海滩的沙粒中含有大量蓝鱼的粪便，所以才不那么白。

在楠迪8千米外有一个国际机场，能起降波音747-400型飞机，是南太地区的航空枢纽。

瓦路路海滩的沙粒虽然不是很白，但是却很细腻，不管是在海滩上奔跑，还是躺在海滩上休憩，都会让人觉得无比惬意。海滩延伸入海，海水清澈见底，蓝色的海水由浅变深，没有受到一丝污染，水下有各种珊瑚和鱼类，是一个绝佳的潜水胜地。

这是楠迪唯一的公众海滩，有很多背包客客栈，海滩上有酒吧。

❖ 瓦路路海滩

此外，瓦路路海滩还很适合野营，等到太阳落山后，一切归于平静，在海滩上架起烧烤架，和朋友们一起围着火堆烧烤，简直是一种绝佳享受。

仙女港

宁静、古老而优雅的小镇

“仙女港”这个古老的海港小镇，仅听名字就给人一种粉嫩的感觉，让人不由自主地倾心，甚至连英国的戴安娜王妃当年访问澳大利亚时，也因被“粉嫩”的它诱惑而在此度假。

仙女港也叫费里港，是一个位于澳大利亚维多利亚州西部莫恩河下游入海处的旅游小镇，距离大洋路西 100 千米左右，鲜有游客来此游览，显得宁静而安详。

古老的港湾

仙女港所处的位置是一个古老的港湾，它便在这个接近完美的“C”形湾的西边。1828 年，一艘捕鲸船在海上遇到了风暴，船员们被狂风巨浪拍晕在船舱内，捕鲸船失去了控制，在风浪中摇摇欲坠。第二天，船员们在阳光的照耀下清醒了过来，发现船只搁浅在一个如同童话世界的海湾中，因此，船员们给这个海湾起了一个温馨可爱的名字——仙女港。从此，这里便成了捕鲸者躲避风暴的港湾，并于 1843 年在莫恩河入海口建立小镇。

大洋路是为纪念参加第一次世界大战的士兵修建的，位于澳大利亚维多利亚州令人惊艳的西南海岸线上，坐拥不可思议的风景，是全球最美的自驾线路之一。

❖ 鸟瞰仙女港

仙女港海湾美景

澳大利亚在 19 世纪晚期发现黄金后，人们从世界各地如狂潮般涌来，掀起了自美国旧金山之后的又一次“淘金热”，并由此催生了如今澳大利亚的第二大城市墨尔本（别名新金山）。仙女港也因此而变得繁华。

1849 年，美国加利福尼亚州的“淘金热”传播到了全世界，点燃了维多利亚州人对黄金的狂热，仙女港因为独特的地理位置，也因这股“淘金热”而开始热闹起来，成了捕鲸和淘金的重要港口。如今，虽然“淘金热”已成过去，捕鲸也被政府限制，不过，仙女港依旧是维多利亚州最大的捕鱼船队的母港之一。

著名的旅游胜地

仙女港已经不是当年“淘金热”时繁忙的货运港口了，其因仙境般风光旖旎的海湾而成为澳大利亚著名的旅游胜地。

仙女港的石砌教堂

❖ 格里菲斯岛环岛步道

❖ “丛林土匪”本·霍尔——《本·霍尔传奇》剧照

在狂热的淘金年代，澳大利亚大名鼎鼎的“丛林土匪”本·霍尔曾在仙女港神出鬼没。本·霍尔是澳大利亚最下层的贫苦百姓，专门劫掠那些有钱人，当地百姓并不仇恨霍尔，反而认为他是一个传奇。

仙女港并不大，但是却显得比较宽敞，整个小镇仅有两条主要街道：一条街道连接仙女港东边的海湾和南边的海滩，另一条主要街道是格里菲斯街，由小镇通往东南方向的格里菲斯岛。

小镇各个角落都遗留了历史的痕迹，街道两旁整齐地排列着以19世纪的传统木建筑为主的建筑，以及高大的松树和古老的石砌教堂。

仙女港每年都会定期举办一次为期3天的仙女港民间艺术节。在节日期间，演员们从全国乃至世界各地赶来参加演出，成千上万的人也如同潮水般涌来观摩，为的是一睹澳大利亚“童年时期”各种类型民间音乐的精彩演出。

❖ 鸟瞰格里菲斯岛

❖ 格里菲斯岛上的灯塔

白色的格里菲斯岛上的灯塔，有红色的顶，看起来更加温馨可爱，这是仙女港最热门的网红打卡点。

❖ 格里菲斯岛黑天鹅

格里菲斯岛

沿着格里菲斯街一直朝着东南方向走到尽头，就是小镇最有名的风景地格里菲斯岛，它是一座被黑色火山岩环绕的离岛，与仙女港之间有堤坝相连。在小岛的沙丘上、丛林中，有沙袋鼠、短尾剪嘴鸥、黑天鹅、海豹，还有黑色的剪水鹱等。小岛沿岸有环岛步道，可徒步，很容易就能近距离欣赏到这些野生动物。

此外，格里菲斯岛还有柔软的沙滩和可爱的灯塔，这里和仙女港海滩适合冲浪、乘摩托艇、游泳等海上活动，是当地人以及欧美游客最喜欢的度假地之一。

格里菲斯岛上的沙袋鼠见惯了游客，一点儿都不会害怕或者躲避人类，反而会停下脚步，观察游客，大有将游客当风景的意思。因此，有些华人将沙袋鼠喊作“傻袋鼠”。

❖ 沙袋鼠

洛恩

大洋路上人气最高的小镇

洛恩是美丽的大洋路上的第一站，有阳光沙滩、森林瀑布，是一个非常热闹的小镇，也是澳大利亚居民一直偏爱的度假胜地。

大洋路是澳大利亚维多利亚州的一条行车公路，全长约276千米，建于悬崖峭壁中间，是澳大利亚境内的著名景点之一。洛恩地处大洋路吉朗入口后的第一站，因此受到格外的关注。

小渔村因大洋路而变得热闹

洛恩依山靠海而建，曾是一个很小、宁静、古老的渔村，厄斯金河由此流入大海。整个小镇常住人口只有1500人，只有一条几百米长的商业街，袖珍至极，不过，它却是大洋路沿途最受欢迎的度假胜地之一，每年夏季开始，这里就变得异常热闹，尤其是圣诞节期间，一年一度的瀑布音乐节更是一场狂欢。温和的气候、绝妙的咖啡厅，独特的商铺、精品店和画廊，以及周边的洛恩金沙滩、厄斯金瀑布、洛恩栈桥等，让洛恩小镇显得优雅、独特，每年都会吸引很多海内外游客前来观光旅游。

❖ 白色鹦鹉

洛恩镇中有许多白色鹦鹉，它们在草地上散步、在树梢间嬉戏、在海滩上打盹，甚至在人群中穿梭，这种鹦鹉随处可见，就如我国的麻雀一样多，甚至更多、更嚣张，它们俨然是这里的主人。除了白色鹦鹉外，这里还有彩色鹦鹉等一些叫不出名的飞鸟。

吉朗是澳大利亚维多利亚州仅次于首府墨尔本的第二大城，是著名的大洋路的入口。

❖ 洛恩栈桥

洛恩栈桥是当地有名的垂钓点，在澳大利亚钓鱼是不收费的，但对鱼的大小和数量有限制。桥上有专门的说明，明确多少数量和大小的鱼可以拿走，小鱼必须放掉。

❖ 洛恩的建筑

洛恩金沙滩，洛恩栈桥

从洛恩的商业街可以直接走到洛恩金沙滩，这是一个被海湾环抱的海滩，与大洋路上的其他海滩相比，显得格外的宁静。海滩边有古老而斑驳的木质长椅，可供行人休憩、观赏风景。沿着海边的步行道走到洛恩东南角，这里有一座长长的栈桥——洛恩栈桥，它由岸边一直延伸到大海之中，是整个洛恩最美的风景所在。在大海中游泳、冲浪，在海边的步行道跑步，在沙滩上聚餐或者闲聊，在栈桥上垂钓、闲逛，哪怕只是坐在海滩边的木质长椅上静静地看海，都会使人觉得无比的幸福。

❖ 洛恩栈桥边的指示板

❖ 洛恩金沙滩

洛恩的生态环境非常好，到处都是鹦鹉、海鸟之类的，其数量之密集，让人叹为观止，这些鸟随时都会飞到游客身边讨要食物。

厄斯金瀑布

除了海滩之外，洛恩周围还有一处美得让人窒息的风景——厄斯金瀑布。

沿着洛恩外的山路边的指示牌往北，进入洛恩国家森林公园，在起起伏伏的山林公路中行驶大约 20 分钟便可到达厄斯金瀑布的停车场，沿着停车场的山路徒步半个多小时，就可以到达隐藏在森林深处的厄斯金瀑布（也可以沿着洛恩旁边的厄斯金河边的步行道，一直往北即可到达）。

❖ 伸向大海的洛恩栈桥

❖ 厄斯金瀑布路边的纪念碑

在通往厄斯金瀑布的路边有一块护林员纪念碑，纪念护林员布鲁斯·沃勒几十年如一日地忍受着孤独和寂寞，在洛恩国家森林公园内护林，为表彰他的贡献，当地政府立了此纪念碑。

❖ 厄斯金瀑布

厄斯金瀑布虽然不及世界上的一些著名瀑布那么壮观，但其深藏于密林之中，清澈飞溅的水流撞击岩石的声音格外的空灵，仿佛这儿与世隔绝，是密林之中的一处诱人奇境。

厄斯金瀑布的宣传栏上介绍：1890 年，厄斯金瀑布被一群探险的男人和女人发现，他们在深谷中发现了这个从天而降的瀑布，并拍照合影。

❖ 厄斯金瀑布的发现者